Gustav Freytag

Die Journalisten

Lustspiel in vier Akten

Gustav Freytag: Die Journalisten. Lustspiel in vier Akten

Erstdruck: Leipzig (Hirzel) 1854.
Uraufführung am 8.12.1852 in Breslau.

Neuausgabe mit einer Biographie des Autors
Herausgegeben von Karl-Maria Guth
Berlin 2016

Der Text dieser Ausgabe folgt:
Gustav Freytag: Die Journalisten. Mit einem Nachwort von Bernd
Goldmann, Stuttgart: Reclam, 1977 [Universal-Bibliothek, Band 6003].

Die Paginierung obiger Ausgabe wird hier als Marginalie zeilengenau
mitgeführt.

Umschlaggestaltung von Thomas Schultz-Overhage unter Verwendung
des Bildes: Johann Peter Hasenclever, Das Lesekabinett, 1843

Gesetzt aus der Minion Pro, 11 pt

Verlag: Henricus - Edition Deutsche Klassik GmbH
Mörchinger Str. 33, 14169 Berlin, info@henricus-verlag.de
Druck: Libri Plureos GmbH, Friedensallee 273, 22763 Hamburg

Die Ausgaben der Sammlung Hofenberg basieren auf zuverlässigen
Textgrundlagen. Die Seitenkonkordanz zu anerkannten Studienausgaben
machen Hofenbergtexte auch in wissenschaftlichem Zusammenhang
zitierfähig.

ISBN 978-3-8430-9111-4

Bibliografische Information der Deutschen Nationalbibliothek

Die Deutsche Nationalbibliothek verzeichnet diese Publikation in der
Deutschen Nationalbibliografie; detaillierte bibliografische Daten sind
im Internet über www.dnb.de abrufbar.

Personen

Oberst a.D. Berg

Ida, seine Tochter

Adelheid Runeck

Senden, Gutsbesitzer

Professor Oldendorf, Redakteur der Zeitung »Union«

Conrad Bolz, Redakteur der Zeitung »Union«

Bellmaus, Mitarbeiter der Zeitung »Union«

Kämpe, Mitarbeiter der Zeitung »Union«

Körner, Mitarbeiter der Zeitung »Union«

Buchdrucker Henning, Eigentümer der Zeitung »Union«

Müller, Faktotum der Zeitung »Union«

Blumenberg, Redakteur der Zeitung »Coriolan«

Schmock, Mitarbeiter der Zeitung »Coriolan«

Piepenbrink, Weinhändler und Wahlmann

Lotte, seine Frau

Berta, ihre Tochter

Kleinmichel, Bürger und Wahlmann

Fritz, sein Sohn

Justizrat Schwarz

Eine fremde Sängerin

Korb, Schreiber vom Gute Adelheids

Karl, Bedienter des Obersten

Ein Kellner

Ressourcengäste. Deputationen der Bürgerschaft

Ort der Handlung: Die Hauptstadt einer Provinz.

Erster Akt

Erste Szene

Gartensaal im Hause des Obersten. Reiche Dekoration. In der Mitte der Hinterwand eine offene Tür, dahinter eine Veranda und der Garten, an den Seiten der Hinterwand große Fenster. Rechts und links Türen, rechts ganz im Vordergrunde ein Fenster. Tische, Stühle, ein kleines Sofa.
Ida sitzt im Vordergrunde rechts, in einem Buche lesend; Oberst tritt zur Mitteltür herein, in der Hand eine offene Schachtel, in welcher Georginen liegen.

OBERST. Hier, Ida, sind die neuen Sorten der Georginen, welche unser Gärtner gezogen hat, du sollst Namen für sie erfinden, denke darüber nach. Übermorgen ist Sitzung des Vereins für Gartenbau, da will ich unsere neuen Sorten vorzeigen und die Namen angeben.

IDA. Hier die helle soll »Adelheid« heißen.

OBERST. »Adelheid Runeck.« Das versteht sich! – Dein eigner Name ist nicht zu brauchen, denn du bist als kleine Georgine schon lange im Blumenhandel.

IDA. Eine soll heißen wie Ihr Lieblingsdichter »Boz«.

OBERST. Vortrefflich, und das muß eine recht prächtige sein, hier die gelbe mit violetten Spitzen. – Und die dritte, wie taufen wir die?

IDA *bittend ihre Hand dem Vater hinhaltend.* »Eduard Oldendorf«.

OBERST. Was? Der Professor? Der Redakteur? Nein, das ist nichts! – Es war schon arg genug, daß er die Zeitung übernahm; daß er sich aber jetzt von seiner Partei hat verleiten lassen, als Wahlkandidat für die Kammern aufzutreten, das kann ich ihm gar nicht verzeihen.

IDA. Da kommt er selbst!

OBERST *für sich.* Sonst war mir's eine Freude, seinen Fußtritt zu hören; jetzt muß ich an mich halten, daß ich nicht unhöflich werde, sooft ich ihn sehe.

Oldendorf.

OLDENDORF. Guten Morgen, Herr Oberst!

IDA *ihm freundlich entgegen.* Guten Morgen, Oldendorf. – Helfen Sie mir die neuen Georginen bewundern, die der Vater gezogen hat.

OBERST. Bemühe doch den Professor nicht, solcher Tand ist nichts mehr für ihn, er hat Größeres im Kopfe.

OLDENDORF. Jedenfalls bin ich nicht unfähig geworden, mich über das zu freuen, was Ihnen Freude macht.

OBERST *brummend, für sich.* Das haben Sie mir nicht gerade bewiesen, ich fürchte, Sie finden ein Vergnügen darin zu tun, was mich ärgert. – Sie haben wohl jetzt viel zu tun mit Ihrer Wahl, Herr Abgeordneter in Hoffnung?

OLDENDORF. Sie wissen, Herr Oberst, daß ich selbst am wenigsten dabei zu tun habe.

OBERST. Ich denke doch. Es ist ja sonst Brauch bei solchen Wahlen, daß man einflußreichen Personen den Hof macht und den Wählern die Hand drückt, Reden hält, Versprechungen um sich streut und wie die Teufeleien alle heißen.

OLDENDORF. Sie glauben selbst nicht, Herr Oberst, daß ich etwas Unwürdiges tun werde.

OBERST. Nicht? – Ich bin nicht sicher, Oldendorf. Seit Sie Journalist geworden sind, Ihre Union redigieren und dem Staat alle Tage vorhalten, wie mangelhaft er eingerichtet ist, seit der Zeit sind Sie nicht mehr der Alte.

OLDENDORF *der sich bis dahin mit Ida über die Blumen unterhalten, sich zum Obersten wendend.* Steht das, was ich jetzt sage oder schreibe, in Widerspruch mit meinen früheren, Ansichten? Sie werden mir das schwerlich nachweisen können. Und noch weniger werden Sie in meinem Gefühl und Benehmen Ihnen gegenüber eine Änderung bemerkt haben.

OBERST *verstockt.* Nun, das wäre ja recht schön. – Ich will mir den Morgen nicht durch Streit verderben, Ida mag zusehen, ob sie besser mit Ihnen zurechtkommt. Ich gehe zu meinen Blumen. *Nimmt die Schachtel, ab nach dem Garten.*

OLDENDORF. Woher kommt die üble Laune des Vaters? Hat ihn wieder etwas aus der Zeitung geärgert?

IDA. Ich glaube nicht. Es ist ihm aber schmerzlich, daß Sie jetzt in der Politik aufs neue in die Lage kommen, Maßregeln anzuraten, die er haßt, und Einrichtungen anzugreifen, die er verehrt. – *Schüchtern.* Oldendorf, ist es denn nicht möglich, daß Sie sich von der Wahl zurückziehen?

OLDENDORF. Es ist unmöglich.

IDA. Ich würde Sie hierbehalten, und der Vater könnte seine gute Laune wiedergewinnen, denn er würde Ihnen das Opfer, welches Sie ihm bringen, sehr hoch anrechnen. Wir dürfen dann hoffen, daß unsere Zukunft wieder so friedlich wird, wie die Vergangenheit war.

OLDENDORF. Ich weiß das, Ida, und ich habe bei der Aussicht, Abgeordneter dieser Stadt zu werden, jedes andere Gefühl, nur keine Freude, und doch kann ich nicht zurücktreten.

IDA *sich abwendend*. Der Vater hat recht, seit Sie die Zeitung redigieren, sind Sie ein anderer geworden.

OLDENDORF. Ida! auch Sie? Wenn diese Verstimmung zwischen uns beide tritt, dann werde ich sehr arm.

IDA. Lieber Eduard! – Ich bin nur traurig, daß ich Sie so lange entbehren soll.

OLDENDORF. Noch bin ich nicht gewählt! Werde ich Deputierter und geht es nach mir, so führe ich Sie nach der Residenz, um Sie nie wieder von meiner Seite zu lassen.

IDA. Ach, Eduard, daran dürfen wir jetzt nicht denken. – Schonen Sie nur den Vater.

OLDENDORF. Sie hören, ich ertrage viel von ihm. Auch gebe ich die Hoffnung nicht auf, daß er sich mir versöhnt. Wenn diese Wahl vorüber ist, dann will ich noch einmal bei seinem Herzen anfragen. Vielleicht erobere ich einen günstigen Bescheid und unsere Vereinigung.

IDA. Sein Sie nur recht aufmerksam auf seine kleinen Liebhabereien. Er ist jetzt im Garten bei seinem Georginenbeet, freuen Sie sich über die bunten Farben. Wenn Sie recht geschickt sind, nennt er vielleicht noch eine Eduard Oldendorf. Wir haben schon darüber verhandelt; kommen Sie! *Beide ab.*

Senden, Blumenberg, Karl, Schmock.

SENDEN *eintretend*. Ist der Herr Oberst allein?

KARL. Herr Professor Oldendorf ist bei ihm.

SENDEN. Melden Sie uns. – *Karl ab.* Immer noch dieser Oldendorf! Hören Sie, Blumenberg, die Verbindung des alten Herrn mit der Union muß ein Ende nehmen. Er gehört nicht vollständig zu uns, solange der Professor hier aus und ein geht. Wir brauchen die einflußreiche Person des Obersten. –

BLUMENBERG. Und sein Haus ist das erste in der Stadt, die beste Gesellschaft, gute Weine und Kunst!

SENDEN. Außerdem habe ich meine Privatgründe, den Obersten für uns zu gewinnen; und überall ist uns der Professor und seine Clique im Wege.

BLUMENBERG. Die Freundschaft wird ein Ende nehmen. Ich verspreche Ihnen, daß sie ein Ende nehmen soll in diesen Wochen nach und nach. Der erste Schritt dazu ist getan. Die Herren von der Union sind in die Falle gegangen.

SENDEN. In welche Falle?

BLUMENBERG. Die ich ihnen in unserer Zeitung gestellt habe. – *Sich umwendend zu Schmock, der an der Türe steht.* Warum stehen Sie hier, Schmock, können Sie nicht am Tor warten?

SCHMOCK. Ich bin gegangen, wo Sie gegangen sind. Warum soll ich nicht hier stehen? Ich kenne den Obersten so gut wie Sie.

BLUMENBERG. Sein Sie nicht dreist, sein Sie nicht insolent. Gehen Sie und warten Sie am Tor, und wenn ich Ihnen den Artikel bringe, so laufen Sie damit schnell nach der Druckerei. Verstehen Sie?

SCHMOCK. Was soll ich nicht verstehen, wenn Sie schreien wie ein Rabe?

Ab.

BLUMENBERG *zu Senden.* Er ist ein ordinärer Mensch, aber er ist brauchbar! – Jetzt sind wir allein, hören Sie. Neulich, als Sie mich hier einführten, habe ich den Obersten gebeten und gedrängt, daß er doch einmal seine Gedanken über die Zeitereignisse niederschreiben soll.

SENDEN. Ja leider! Sie haben ihm grob geschmeichelt, aber der alte Herr fing doch Feuer.

BLUMENBERG. Was er geschrieben hatte, haben wir ihn gebeten vorzulesen; er hat's vorgelesen, wir haben's gelobt.

SENDEN. Es war aber sehr langweilig.

BLUMENBERG. Ich habe ihn darum gebeten für unsere Zeitung.

SENDEN. Leider! und ich muß jetzt dicke Artikel in Ihre Druckerei tragen. Diese Aufsätze sind zu schwerfällig; für den Coriolan sind sie kein Gewinn.

BLUMENBERG. Ich habe sie doch mit Vergnügen abgedruckt. Wenn einer für ein Blatt geschrieben hat, so wird er ein guter Freund des Blattes. Der Oberst hat sogleich auf den Coriolan abonniert und hat mich den Tag darauf zu Tische geladen.

SENDEN *achselzuckend.* Wenn das der ganze Gewinn ist!

BLUMENBERG. Es ist nur der Anfang. – Die Artikel sind ungeschickt, warum soll ich's nicht sagen?

SENDEN. Das weiß Gott!

BLUMENBERG. Und niemand weiß, wer der Verfasser ist.

SENDEN. So verlangte der alte Herr! Ich glaube, er hat Angst vor Oldendorf.

BLUMENBERG. Deshalb ist es gekommen, wie ich gedacht habe. Oldendorfs Zeitung hat heute diese Artikel angegriffen. Hier ist die neueste Nummer der Union.

SENDEN. Zeigen Sie her. – Das wird ja eine famose Konfusion! Ist der Angriff grob?

BLUMENBERG. Der Oberst wird ihn sicher für grob halten. Glauben Sie, daß uns das helfen wird gegen den Professor?

SENDEN. Sie sind auf Ehre der schlaueste Teufel, der je aus einem Tintenfaß gekrochen ist.

BLUMENBERG. Geben Sie her, der Oberst kömmt.

Oberst.

OBERST. Guten Morgen, meine Herren! – *Beiseite.* Und gerade ist Oldendorf hier, wenn er jetzt nur im Garten bliebe! – Nun, Herr Redakteur, was macht der Coriolan?

BLUMENBERG. Unsere Leser bewundern die neuen Artikel mit dem Pfeil. Habe ich vielleicht Hoffnung, wieder etwas –

OBERST *ein Manuskript aus der Tasche ziehend, sich umsehend.* Ich vertraue Ihrer Diskretion. Ich wollte es eigentlich noch einmal durchlesen wegen des Periodenbaus.

BLUMENBERG. Das macht sich am besten bei der Revision.

OBERST. Ich glaube, es wird angehen. Nehmen Sie; aber reinen Mund gehalten –

BLUMENBERG. Sie erlauben, daß ich es sogleich nach der Druckerei schicke. *An die Tür.* Schmock!

Schmock erscheint an der Tür, nimmt das Manuskript, schnell ab.

SENDEN. Blumenberg hält das Blatt wacker, aber er hat Feinde, er muß sich tüchtig wehren.

OBERST *vergnügt.* Feinde? Wer hat die nicht! Aber die Herrn Journalisten haben Nerven wie die Frauen. Alles regt euch auf, jedes Wort, das jemand gegen euch sagt, empört euch! Geht mir, ihr seid empfindliche Leute.

BLUMENBERG. Vielleicht haben Sie recht, Herr Oberst. Aber wenn man Gegner hat wie diese Union –

OBERST. Ja, die Union, die ist euch beiden ein Dorn im Auge. Ich lobe vieles nicht, was darin steht, aber was wahr ist, gerade im Alarmschlagen, in der Attacke, im Einhauen ist sie geschickter als Ihr Blatt. Die

Artikel sind witzig; auch wenn sie unrecht haben, man muß doch darüber lachen.

BLUMENBERG. Nicht immer. In dem heutigen Angriff auf die besten Artikel, die der Coriolan seit lange gebracht hat, sehe ich gar keinen Witz.

OBERST. Angriff auf welche Artikel?

BLUMENBERG. Auf die Ihrigen, Herr Oberst. Ich muß das Blatt bei mir haben.

Sucht und gibt ihm ein Blatt der Union.

OBERST. Oldendorfs Zeitung greift meine Aufsätze an! *Liest.* »Wir bedauern eine solche Unkenntnis« –

BLUMENBERG. Und hier –

OBERST. »Es ist eine unverzeihliche Anmaßung.« – Was, ich wäre anmaßend?

BLUMENBERG. Und hier –

OBERST. »Man kann zweifeln, ob die Naivetät des Einsenders komisch oder traurig ist, jedenfalls hat er kein Recht mitzuprechen« – *Das Blatt wegwerfend.* Oh, das ist nichtswürdig! Das sind Gemeinheiten!

Ida, Oldendorf aus dem Garten.

SENDEN. Jetzt bricht das Wetter los!

OBERST. Herr Professor, Ihre Zeitung macht Fortschritte. Zu den schlechten Grundsätzen kömmt jetzt noch etwas anderes, die Gemeinheit.

IDA *erschrocken.* Vater!

OLDENDORF *vortretend.* Herr Oberst, was berechtigt Sie zu diesem kränkenden Wort?

OBERST *ihm die Zeitung hinhaltend.* Sehen Sie hierher! *Das* steht in Ihrer Zeitung. In *Ihrer* Zeitung, Oldendorf!

OLDENDORF. Die Haltung des Angriffs ist nicht ganz so ruhig, wie ich gewünscht hätte –

OBERST *ihn unterbrechend.* Nicht ganz so ruhig! Wirklich nicht?

OLDENDORF. In der Sache selbst hat der Angriff recht.

OBERST. Herr, das wagen Sie mir zu sagen?

IDA. Vater!

OLDENDORF. Herr Oberst, ich begreife diese Stimmung nicht und bitte Sie, darauf Rücksicht zu nehmen, daß wir vor Zeugen sprechen.

OBERST. Fordern Sie keine Rücksichten. An Ihnen wäre es gewesen, Rücksicht gegen den Mann zu beobachten, dessen Freundschaft Sie sonst so sehr in Anspruch nehmen.

OLDENDORF. Haben Sie vor allem die Aufrichtigkeit, mir zu sagen, in welcher Verbindung Sie selbst mit den angegriffenen Artikeln des Coriolan stehen.

OBERST. In einer sehr zufälligen Verbindung, welche in Ihren Augen zu unbedeutend ist, um Berücksichtigung zu verdienen. Die Artikel sind von mir!

IDA. O mein Gott!

OLDENDORF *heftig.* Von Ihnen? Artikel im Blatte dieses Herrn?

IDA *flehend.* Oldendorf!

OLDENDORF *ruhiger.* Die Union hat nicht Sie angegriffen, sondern einen Unbekannten, der für uns nichts als ein Parteigenosse dieses Herrn war. Sie hätten uns beiden diese peinliche Szene erspart, wenn Sie mir kein Geheimnis daraus gemacht hätten, daß Sie ein Korrespondent des Coriolan sind.

OBERST. Sie werden es ertragen müssen, daß ich Sie auch ferner nicht zum Vertrauten meiner Handlungen mache. Sie haben mir hier einen gedruckten Beweis von Freundschaft gegeben, der mich nach anderen nicht lüstern macht.

OLDENDORF *seinen Hut nehmend.* Und ich kann Ihnen nur die Erklärung geben, daß ich den Vorfall tief bedauere, mich aber außer aller Schuld fühle. Ich hoffe, Herr Oberst, daß Sie bei ruhiger Prüfung dieselbe Ansicht gewinnen werden. Leben Sie wohl, Fräulein. Ich empfehle mich Ihnen. *Ab bis zur Mitteltür.*

IDA *flehend.* Vater, laß ihn nicht so von uns gehen.

OBERST. Es ist besser, als wenn er bleibt.

Adelheid.

ADELHEID *in elegantem Reisekleid eintretend, trifft an der Tür mit Oldendorf zusammen.* Nicht so schnell, Herr Professor!

Oldendorf küßt ihr die Hand, ab.

IDA. Adelheid! *Eilt in ihre Arme.*

OBERST. Adelheid! Und gerade jetzt!

ADELHEID *Ida an sich haltend, nach dem Obersten die Hand ausstreckend.* Geben Sie Ihrem Landmädchen die Hand. Die Tante grüßt und Gut Rosenau empfiehlt sich demütig in seinem braunen

Herbstkleide. Die Felder sind leer, und im Garten tanzt das dürre Laub mit dem Winde. – Ah, Herr v. Senden!

OBERST *vorstellend.* Herr Redakteur Blumenberg!

SENDEN. Wir sind entzückt, unsere eifrige Landwirtin in der Stadt zu begrüßen.

ADELHEID. Und wir hätten uns gefreut, unserm Gutsnachbar manchmal auf dem Lande zu begegnen.

OBERST. Er hat hier viel zu tun, er ist ein großer Politiker und arbeitet eifrig für die gute Sache.

ADELHEID. Ja, ja, wir lesen von seinen Taten in der Zeitung. – Ich bin gestern über Ihr Feld gefahren, Ihre Kartoffelernte ist noch nicht beendet, Ihr Amtmann ist nicht fertig geworden.

SENDEN. Die Rosenauer haben das Vorrecht, acht Tage eher fertig zu sein als jeder andere.

ADELHEID. Dafür verstehen wir auch nichts anderes als unsere Wirtschaft. *Freundlich.* Die Nachbarschaft läßt Sie grüßen.

SENDEN. Ich danke. Wir gönnen Sie jetzt Freunden, die näheres Anrecht an Sie haben, aber Sie bewilligen mir noch heut eine Audienz, damit ich die Neuigkeiten unserer Gegend von Ihnen erbitte.

Adelheid verneigt sich.

SENDEN. Leben Sie wohl, Herr Oberst, *Zu Ida.* ich empfehle mich Ihrer Gnade, Fräulein. *Ab mit Blumenberg.*

IDA *Adelheid umarmend.* Ich habe dich! Jetzt wird alles gut werden!

ADELHEID. Was soll gut werden? Ist etwas *nicht* gut? Dort hinten ging jemand schneller an mir vorüber, als sonst seine Art ist – und hier sehe ich feuchte Augen und eine gefurchte Stirn. *Küßt sie auf die Augen.* Sie sollen dir die hübschen Augen nicht verderben. – Und Sie, mein würdiger Freund, machen Sie mir ein freundliches Gesicht.

OBERST. Sie bleiben den Winter über bei uns, es ist seit langer Zeit der erste, den Sie uns schenken; wir wollen diese Gunst zu verdienen suchen.

ADELHEID *ernst.* Es ist der erste seit dem Tode meines Vaters, an dem ich Lust habe, wieder mit der Welt zu verkehren. Außerdem habe ich Geschäfte hier. Sie wissen, ich bin in diesem Sommer mündig geworden, und unser Rechtsfreund, Justizrat Schwarz, fordert meine Anwesenheit. – Höre, Ida, die Leute packen aus, geh zum Rechten sehen! *Beiseite.* Und halte ein feuchtes Tuch über die Augen, man sieht, daß du geweint hast. *Ida ab nach rechts, Adelheid schnell zum Obersten tretend.* Was ist das mit Ida und dem Professor?

OBERST. Da wäre viel zu reden! Ich will mir jetzt die Freude nicht verderben. Es geht nicht recht mit uns Männern, die Ansichten sind zu verschieden.

ADELHEID. Waren die Ansichten nicht früher auch verschieden? Und doch war Ihr Verhältnis zu Oldendorf so gut.

OBERST. So verschieden waren sie doch nicht.

ADELHEID. Und welcher von Ihnen hat sich geändert?

OBERST. Hm! doch wohl er! Er wird zu vielem verleitet durch seine schlechte Umgebung; da sind einige Menschen, Journalisten seiner Zeitung, vor allen ein gewisser Bolz.

ADELHEID *beiseite.* Was muß ich hören!

OBERST. Aber Sie kennen ihn wohl selbst, er stammt ja aus Ihrer Gegend.

ADELHEID. Er ist ein Rosenauer Kind.

OBERST. Ich erinnere mich. Schon Ihr seliger Vater, mein braver General, konnte ihn nicht leiden.

ADELHEID. Wenigstens hat er das zuweilen gesagt.

OBERST. Seitdem ist dieser Bolz ein exzentrischer Mensch geworden. Er soll unregelmäßig leben, und seine Sitten scheinen mir ziemlich frei zu sein. Er ist Oldendorfs böser Engel.

ADELHEID. Das wäre traurig! – Nein, das glaube ich nicht.

OBERST. Was glauben Sie nicht, Adelheid?

ADELHEID *lächelnd.* Ich glaube nicht an böse Engel. – Was zwischen Ihnen und Oldendorf schlimm geworden ist, kann wieder gut werden. Heute Feind, morgen Freund, heißt es in der Politik; aber Idas Gefühl wird sich nicht so schnell ändern. – Herr Oberst, ich habe ein prächtiges Modell zu einem Kleide mitgebracht, das neue Kleid will ich diesen Winter als Brautjungfer tragen.

OBERST. Daran ist nicht zu denken! So lasse ich mich nicht fangen, Mädchen. Ich spiele den Krieg in Feindesland. Warum treiben Sie andere Leute zum Altar, und Sie selbst müssen erleben, daß Ihre ganze Nachbarschaft Sie spottend die Dornenrose und den jungfräulichen Landwirt nennt.

ADELHEID *lachend.* Ja, das tut sie.

OBERST. Die reichste Erbin der ganzen Gegend! umschwärmt von einem Heer Anbeter, und so fest verschlossen gegen jedes Gefühl, niemand kann sich das erklären!

ADELHEID. Mein Oberst, wenn unsere jungen Herrn so liebenswürdig wären wie gewisse ältere – ach, aber das sind sie nicht.

14

OBERST. Sie entschlüpfen mir nicht. Wir wollen Sie festhalten in der Stadt, bis unter unsern jungen Männern einer gefunden ist, den Sie für würdig halten, unter Ihr Kommando zu treten; denn, wen Sie auch zum Gemahl wählen, es wird ihm gehen wie mir, er wird zuletzt doch immer nach Ihrem Willen tun müssen.

ADELHEID *schnell.* Wollen Sie nach meinem Willen tun mit Ida und dem Professor? – Jetzt halte ich Sie fest.

OBERST. Wollen Sie mir den Gefallen tun und diesen Winter bei uns Ihre Gattenwahl halten? – Ja? Jetzt habe ich Sie gefangen.

ADELHEID. Es gilt! Schlagen Sie ein!

Hält ihm die Hand hin.

OBERST *einschlagend, lacht.* Das war überlistet! *Ab durch die Mitteltür.*

ADELHEID *allein.* Ich denke, nein! – Wie, Herr Conrad Bolz, ist das Ihr Lob unter den Leuten? Sie leben unregelmäßig? Sie haben freie Sitten? Sie sind ein böser Engel? –

Korb.

KORB *aus der Mitteltür mit einem Paket.* Wo soll ich die Rechnungs-bücher und Papiere hintragen, gnädiges Fräulein?

ADELHEID. In mein Zimmer. – Hören Sie, lieber Korb – haben Sie Ihre Stube hier in Ordnung gefunden?

KORB. Aufs allerschönste. Der Bediente hat mir zwei Stearinlichter hineingestellt, es ist reine Verschwendung.

ADELHEID. Sie sollen heut den ganzen Tag für mich keine Feder an-rühren; ich will, daß Sie sich die Stadt ansehen und Ihre Bekannten besuchen. Sie haben doch Bekannte hier?

KORB. Nicht gerade viel, es ist über ein Jahr, daß ich nicht hier war.

ADELHEID *gleichgültig.* Sind denn keine Rosenauer hier?

KORB. Unter den Soldaten sind vier aus dem Dorfe. Da ist der Johann Lutz vom Schimmellutz –

ADELHEID. Ich weiß – Ist sonst niemand aus dem Dorfe hier, den Sie kennen?

KORB. Sonst niemand, natürlich außer ihm –

ADELHEID. Außer ihm? Wer ist das?

KORB. Nun, unser Herr Conrad.

ADELHEID. Richtig, der! Besuchen Sie den nicht? Ich denke, Ihr seid immer gute Freunde gewesen.

KORB. Ob ich den besuche? Mein erster Gang ist zu ihm. Ich habe mich während der ganzen Reise darauf gefreut. Das ist eine treue Seele, auf den kann das Dorf stolz sein.

ADELHEID *warm.* Ja, er hat ein treues Herz!

KORB *eifrig.* Immer lustig und immer freundlich, und wie er am Dorfe hängt! Der arme Herr, er ist so lange nicht dort gewesen.

ADELHEID. Still davon!

KORB. Der wird mich ausfragen, nach der Wirtschaft –

ADELHEID *eifrig.* Und nach den Pferden. Der alte Falbe, auf dem er so gern ritt, lebt noch.

KORB. Und nach den Sträuchern, die er mit Ihnen gepflanzt hat.

ADELHEID. Besonders der Fliederbusch, wo jetzt meine Laube steht, sagen Sie ihm das nur.

KORB. Und nach dem Teiche. Sechzig Schock Karpfen.

ADELHEID. Und ein Schock Goldschleien, vergessen Sie das nicht. Und der alte Karpfen mit dem Kupferring am Leibe, den er ihm umgelegt, ist bei dem letzten Fischzug mit herausgekommen, wir haben ihn wieder eingesetzt.

KORB. Und wie wird er nach Ihnen fragen, gnädiges Fräulein!

ADELHEID. Sagen Sie ihm, daß ich gesund bin.

KORB. Und wie Sie seit dem Tode des Herrn Generals die Wirtschaft führen; und daß Sie seine Zeitung halten, die lese ich nachher den Bauern vor.

ADELHEID. Das brauchen Sie ihm gerade nicht zu sagen. *Seufzend beiseite.* Auf die Weise werde ich nichts erfahren! – *Pause, mit Gravität.* Hören Sie, lieber Korb, ich habe allerlei über Herrn Bolz gehört, was mich gewundert hat. Er soll sehr wild leben.

KORB. Ja, das glaub ich, ein wildes Füllen war er immer.

ADELHEID. Er soll mehr Geld ausgeben, als er einnimmt.

KORB. Ja, das ist wohl möglich. Aber lustig gibt er's aus, davon bin ich überzeugt.

ADELHEID *beiseite.* Bei dem werde ich mir auch keinen Trost holen! – *Gleichgültig.* Er hat doch jetzt eine gute Stellung, ob er sich nicht bald eine Frau suchen wird?

KORB. Eine Frau? – Nein, das tut er nicht, das ist nicht möglich.

ADELHEID. Ich habe doch so etwas gehört; wenigstens soll er sich für eine junge Dame sehr interessieren, man spricht davon.

KORB. Das wäre ja – Nein, das glaube ich nicht. – *Eilig.* Da will ich ihn doch gleich fragen.

ADELHEID. Er selbst wird es Ihnen am wenigsten sagen; so etwas erfährt man von den Freunden und Bekannten eines Mannes. – Die Leute im Dorfe sollten's doch wissen, wenn einer aus Rosenau heiratet.

KORB. Freilich, dahinter muß ich kommen.

ADELHEID. Das würden Sie sehr klug anfangen müssen, Sie wissen, wie schlau er ist.

KORB. Oh, ich will ihn schon überlisten. Ich werde etwas erfinden.

ADELHEID. Gehen Sie, lieber Korb! – *Korb ab.* Das war eine traurige Nachricht, die mir der Oberst entgegentrug. Conrad sittenlos, unwürdig! Es ist unmöglich. So kann sich ein edler Sinn nicht verändern. Ich glaube kein Wort von allem, was sie mir über ihn sagen. *Ab.*

Zweite Szene

Redaktionszimmer der »Union«. Türen in der Mitte und zu beiden Seiten. Im Vordergrund links ein Arbeitstisch mit Zeitungen und Papieren, rechts ein ähnlicher kleinerer Tisch, Stühle.
Bolz aus der Seitentür rechts, darauf Müller durch die Mitteltür.

BOLZ *eifrig.* Müller! Faktotum! Wo sind die Postsachen?

MÜLLER *mit einem Pack Briefe und Zeitungen, behend.* Hier, Herr Bolz, ist die Post – und hier aus der Druckerei das Probeblatt unserer heutigen Abendnummer zur Revision.

BOLZ *am Tische links Briefe schnell öffnend, durchsehend und mit Bleistift bezeichnend.* Ich habe die Revision bereits gemacht, alter Schelm.

MÜLLER. Nicht ganz. Hier unten ist noch das Mannigfaltige, welches Herr Bellmaus den Setzern gegeben hat.

BOLZ. Her damit! *Liest in der Zeitung.* Wäsche vom Boden gestohlen – Drillinge geboren – Konzert, Konzert, Vereinssitzung, Theater – Alles in Ordnung – Neuerfundene Lokomotive; die große Seeschlange gesehen. *Aufspringend.* Alle Wetter, kommt der wieder mit der alten Seeschlange! Ich wollte, sie würde ihm als Gelee gekocht, und er müßte sie kalt aufessen. *Eilt zur Tür rechts.* Bellmaus, Ungeheuer, komm hervor!

Bellmaus.

BELLMAUS *von rechts eintretend, die Feder in der Hand.* Was gibt's? Wozu der Lärm?

BOLZ *feierlich.* Bellmaus, als wir dir die Ehre erwiesen, dich mit Ver-
fertigung der Nippessachen für dieses Blatt zu betrauen, da war die
Meinung nicht, daß du die ewige große Seeschlange durch die Spalten
unserer Zeitung wälzen solltest! – – Wie konntest du die abgedro-
schene Lüge wieder hineinsetzen?

BELLMAUS. Sie paßte gerade, es fehlte an sechs Zeilen.

BOLZ. Das ist eine Entschuldigung, aber keine gute. Erfinde deine eigenen Geschichten, wozu bist du Journalist? Mache ein kleines
»Eingesandt«, z.B. eine Betrachtung über Menschenleben im allgemeinen, oder über das Umherlaufen von Hunden auf der Straße, oder
suche eine haarsträubende Geschichte heraus, vielleicht einen Meuchelmord aus Höflichkeit, oder wie ein Hamster sieben schlafende
Kinder erbissen hat, oder so etwas. Und wenn du etwas Merkwürdiges
aus der Fremde erzählen willst, so ist der Kaiser Soulouque immer
noch besser als diese abgenutzte Seeschlange. – Es gibt so vieles, was
geschieht, und so ungeheuer vieles, was nicht geschieht, daß es einem
ehrlichen Zeitungsschreiber nie an Neuigkeiten fehlen darf.

BELLMAUS. Gib her, ich will's ändern.

Geht an den Tisch, sieht in ein gedrucktes Blatt, schneidet mit einer
großen Schere einen Zettel davon ab und klebt ihn auf die
Zeitungsnummer.

BOLZ. Recht so, mein Sohn, tue das und bessere dich. – *Die Tür rechts*
öffnend. Kämpe, können Sie einen Augenblick hereinkommen? *Zu*
Müller, welcher an der Türe wartet. Fort mit der Revision nach der
Druckerei!

Müller erhält von Bellmaus das Blatt, eilt ab. Kämpe.

KÄMPE *eintretend.* Ich kann doch nichts Rechtes schreiben, wenn Sie
solchen Lärm machen.

BOLZ. So! Was haben Sie denn jetzt geschrieben? Doch höchstens einen
Liebesbrief an eine Tänzerin, oder eine Bestellung an Ihren Schneider?

BELLMAUS. Nein, er schreibt zärtliche Briefe. Er ist ernsthaft verliebt,
denn er führte mich gestern im Mondenschein spazieren und sprach
verächtlich von allen Getränken.

KÄMPE *der sich behaglich gesetzt hat.* Ihr Herren, es ist unbillig, einen
Menschen von der Arbeit abzurufen, um so schlechte Witze zu machen.

BOLZ. Ja, ja, er verleumdet Sie offenbar, wenn er behauptet, daß Sie
etwas anderes lieben als Ihre neuen Stiefeln und ein klein wenig Ihre

19

eigene Person. – Du selbst bist eine liebesprühende Natur, kleiner Bellmaus. Du glühst wie ein Räucherkerzchen, sooft du eine junge Dame siehst, du ziehst glimmend und räucherig um sie herum und hast doch nicht den Mut, sie nur einmal anzureden. Aber man muß Nachsicht mit ihm haben, denn er ist von Haus aus lyrischer Dichter gewesen, deshalb ist er schüchtern, er errötet vor den Frauen und ist noch schöner Wallungen fähig.

20 BELLMAUS. Ich habe keine Lust, mir unaufhörlich meine Gedichte vorwerfen zu lassen; habe ich sie jemals Euch vorgelesen?

BOLZ. Nein, dem Himmel sei Dank, die Unverschämtheit hast du nie gehabt. – *Ernsthaft.* Aber zum Geschäft, ihr Herren! Die heutige Nummer ist fertig, Oldendorf ist noch nicht hier, lassen Sie uns unterdes vertrauten Rat halten. – Oldendorf muß Deputierter der Stadt für die nächsten Kammern werden, unsere Partei und die Union müssen das durchsetzen. Wie stehen unsere Aktien heut?

KÄMPE. So gut als möglich. Die Gegner geben zu, daß ihnen kein anderer Kandidat so gefährlich wäre, und unsere Freunde haben überall die beste Hoffnung. Aber Sie wissen, wie wenig das bedeutet. – Hier ist das Verzeichnis der Wahlmänner. Unser Wahlkomitee läßt Ihnen sagen, daß unsere Berechnungen richtig waren. Von den 100 Wahlmännern unserer Stadt gehören 40 mit Sicherheit zu uns, ungefähr ebensoviel stehen auf den Listen der Gegenpartei, der Rest von etwa 20 Stimmen ist unsicher. Es ist klar, daß die Wahl nur mit sehr kleiner Majorität vor sich gehen wird.

BOLZ. Natürlich werden wir die Majorität haben, eine Majorität von 8–10 Stimmen, erzählen Sie doch das überall mit der größten Sicherheit. Mancher, der noch unentschlossen ist, kommt zu uns, wenn er hört, daß wir die Stärkeren sind. Wo ist das Verzeichnis der unsicheren Wahlmänner?

Sieht hinein.

KÄMPE. Ich habe da Zeichen gemacht, wo nach der Meinung unserer Freunde ein Einfluß möglich wäre.

BOLZ. Bei dem einen Namen sehe ich zwei Kreuze, was bedeuten die?

KÄMPE. Das ist Piepenbrink, der Weinhändler Piepenbrink. Er hat einen großen Anhang in seinem Bezirk, ist ein wohlhabender Mann und soll über 5–6 Stimmen seiner Anhänger kommandieren.

BOLZ. Den müssen wir haben. Was ist's für eine Art Mann?

21 KÄMPE. Er soll sehr grob sein und sich um Politik gar nicht kümmern.

BELLMAUS. Er hat aber eine hübsche Tochter.

KÄMPE. Was nützt seine hübsche Tochter! Ich wollte lieber, er hätte eine häßliche Frau, da wäre eher an ihn zu kommen.

BELLMAUS. Die hat er auch, eine Dame mit kleinen Locken und feuerroten Bändern an der Haube.

BOLZ. Mit oder ohne Frau, der Mann muß unser werden. – Still, man kömmt, das ist Oldendorfs Tritt. Er braucht von unsern Verhandlungen nichts zu wissen. Geht in euer Zimmer, ihr Herren, heut abend das Weitere.

KÄMPE *an der Tür.* Es bleibt doch dabei, daß ich in der nächsten Nummer den neuen Korrespondenten des Coriolan, den mit dem Pfeil, wieder angreife.

BOLZ. Jawohl, gehen Sie ihm vornehm, aber tüchtig zu Leibe. Eine kleine Balgerei mit unsern Gegnern ist gerade jetzt vor den Wahlen nützlich; und die Artikel mit dem Pfeil geben große Blößen.

Kämpe, Bellmaus ab.
Oldendorf durch die Mitteltür.

OLDENDORF. Guten Tag, Conrad.

BOLZ *am Tische rechts über den Wahllisten.* Dein Eingang sei gesegnet! Dort liegt die Korrespondenz; es ist nichts Wichtiges.

OLDENDORF. Hast du mich heut hier nötig?

BOLZ. Nein, mein Herzblatt, die Abendnummer ist fertig, für morgen schreibt Kämpe den Leitartikel.

OLDENDORF. Worüber?

BOLZ. Kleines Vorpostengefecht mit dem Coriolan. Wieder gegen den unbekannten Korrespondenten mit dem Pfeil, welcher unsere Partei angegriffen hat. Aber sei ohne Sorge, ich habe dem Kämpe gesagt, er soll den Artikel würdig, sehr würdig halten.

OLDENDORF. Um alles nicht! Der Artikel darf nicht geschrieben werden.

BOLZ. Ich verstehe dich nicht. Wozu hat man seine politischen Gegner, wenn man sie nicht angreifen darf?

OLDENDORF. So höre. Diese Artikel sind von dem Obersten verfaßt, er selbst hat es mir heut gesagt.

BOLZ. Alle Wetter!

OLDENDORF *finster.* Du magst denken, daß dies Geständnis von andern Andeutungen begleitet war, welche meine Stellung zum Obersten und seinem Hause gerade jetzt sehr unbehaglich machen.

BOLZ *ernsthaft.* Und was verlangt der Oberst von dir?

22

OLDENDORF. Er wird sich mit mir aussöhnen, wenn ich die Redaktion der Zeitung niederlege und als Wahlkandidat zurücktrete.

BOLZ. Teufel, das ist wenig gefordert.

OLDENDORF. Ich leide unter diesen Dissonanzen. Dir, mein Freund, kann ich das sagen.

BOLZ *an ihn tretend und ihm die Hand drückend.* Feierlicher Augenblick männlicher Rührung!

OLDENDORF. Sei jetzt wenigstens kein Hanswurst. – Du kannst dir denken, wie peinlich meine Stellung im Hause des Obersten geworden ist. Der würdige alte Herr entweder kalt oder heftig, die Unterhaltung mit beißenden Anspielungen gewürzt, Ida leidend, ich sehe oft, daß sie geweint hat. Siegt unsere Partei, werde ich Abgeordneter der Stadt, so fürchte ich, ist mir jede Hoffnung auf eine Verbindung mit Ida genommen.

BOLZ *eifrig.* Und trittst du zurück, so erleidet unsere Partei einen empfindlichen Verlust. *Schnell und nachdrücklich.* Die bevorstehende Sitzung der Kammern wird verhängnisvoll für den Staat. Die Parteien sind einander fast gleich. Jeder Verlust einer Stimme ist für unsere Sache ein Unglück. In dieser Stadt haben wir außer dir keinen Kandidaten, dessen Popularität groß genug ist, seine Wahl wahrscheinlich zu machen. Entziehst du dich aus irgend einem Grunde der Wahl, so siegen unsere Gegner.

OLDENDORF. Leider ist es, wie du sagst.

BOLZ *immer eifrig.* Ich will dich nicht unterhalten von dem Vertrauen, das ich in deine Talente setze, ich bin überzeugt, du wirst in der Kammer und vielleicht als Mitglied der Regierung dem Lande nützen. Ich bitte dich, jetzt nur an die Pflichten zu denken, die du übernommen hast gegen unsere politischen Freunde, welche dir vertrauen, und gegen dies Blatt und uns, die wir drei Jahre fleißig gearbeitet haben, damit der Name Oldendorf, der an der Spitze des Blattes steht, zu Ansehen komme. Es handelt sich um deine Ehre, und jeder Augenblick Schwanken in dir wäre ein Unrecht.

OLDENDORF *mit Haltung.* Du wirst eifrig ohne Veranlassung. Auch ich halte es für Unrecht, mich zurückzuziehen, jetzt, wo man mir sagt, daß ich unserer Sache nötig sei. Aber wenn ich dir, meinem Freunde, gestehe, daß mir dieser Entschluß ein großes Opfer kostet, so vergebe ich dadurch weder unserer Sache noch uns beiden etwas.

BOLZ *begütigend.* Du hast ganz recht, du bist ein ehrlicher Kamerad. Und so Friede, Freundschaft, Courage! Dein alter Oberst wird nicht unversöhnlich sein.

OLDENDORF. Er ist mit Senden vertraut geworden, der ihm auf jede Weise schmeichelt und, wie ich fürchte, Pläne hat, welche auch mich nahe angehen. Ich würde noch mehr besorgt sein, wenn ich nicht gerade jetzt einen guten Anwalt im Hause des Obersten wüßte; Adelheid Runeck ist soeben angekommen.

BOLZ. Adelheid Runeck? Die fehlte noch! *Eilig in die Türe rechts hineinrufend.* Kämpe, der Artikel gegen den Ritter mit dem Pfeil wird *nicht* geschrieben. Verstehen Sie?

Kämpe.

KÄMPE *an der Tür, die Feder in der Hand.* Was wird denn aber geschrieben?

BOLZ. Das mag der Kuckuck wissen. – Hören Sie, vielleicht kann ich Oldendorf bewegen, daß er selbst den Leitartikel für morgen macht. Aber auf alle Fälle müssen Sie etwas bereithalten.

KÄMPE. Was denn aber?

BOLZ *in Eifer.* Schreiben Sie meinetwegen über die Auswanderung nach Australien, das wird doch keinen Anstoß erregen.

KÄMPE. Gut. Soll ich dazu ermuntern oder abraten?

BOLZ *schnell.* Natürlich abraten. Wir brauchen alle Leute, welche arbeiten wollen, bei uns im Lande. – Schildern Sie Australien als ein nichtswürdiges Loch, durchaus wahrhaft, aber möglichst schwarz. – Wie das Känguruh, in einen Klumpen geballt, aus unbezwinglicher Bosheit dem Goldsucher an den Kopf springt, während ihn das Schnabeltier hinten in die Beine zwickt; wie der Goldsucher im Winter bis an den Hals im Salzwasser stehen muß, während er im Sommer durch drei Monate keinen Schluck zu trinken hat und wenn er das alles übersteht, zuletzt von diebischen Eingeborenen aufgefressen wird. Machen Sie das recht anschaulich und ans Ende setzen Sie die neuesten Marktpreise der australischen Wolle aus der Times. Die nötigen Bücher finden Sie in der Bibliothek. *Wirft die Türe zu.*

OLDENDORF *am Tische.* Du kennst die Runeck? Sie frägt häufig in ihren Briefen an Ida nach dir.

BOLZ. So? Ja, allerdings kenne ich sie. Wir sind aus demselben Dorf, sie vom Schlosse, ich aus dem Pfarrhaus, mein Vater hat uns zusammen unterrichtet. O ja, ich kenne sie!

OLDENDORF. Wie kommt es, daß ihr einander so fremd geworden seid? Du sprichst nie von ihr.

BOLZ. Hm! Das sind alte Geschichten, Familienzwistigkeiten, Montecchi und Capuletti. Ich habe sie seit langer Zeit nicht wiedergesehen.

OLDENDORF *lächelnd.* Ich will nicht hoffen, daß auch euch die Politik entzweite.

BOLZ. Etwas Politik war allerdings bei unserer Trennung im Spiel. – Du siehst, es ist ein allgemeines Unglück, daß Freundschaft durch das Parteileben vernichtet wird.

OLDENDORF. Es ist traurig! In Glaubenssachen wird jeder gebildete Mensch die Überzeugung des andern tolerieren, und in der Politik behandeln wir einander wie Bösewichter, weil der eine um einige Schattierungen anders gefärbt ist als sein Nachbar.

BOLZ *beiseite.* Stoff für den nächsten Artikel! *Laut.* – Anders gefärbt ist als sein Nachbar, ganz meine Meinung. Das muß in unserm Blatte gesagt werden. *Bittend.* Höre, so ein kleiner tugendhafter Artikel: Ermahnung an unsere Wähler, Achtung vor unsern Gegnern! Denn sie sind ja unsere Brüder! *Immer bittender.* Oldendorf, das wäre etwas für dich, in dem Thema ist Tugend und Humanität; das Schreiben wird dich zerstreuen, und du bist dem Blatt einen Artikel schuldig, wegen der verbotenen Fehde. Tu mir die Liebe! Schreib dort in der Hinterstube, es soll dich niemand stören.

OLDENDORF *lächelnd.* Du bist ein gemeiner Intrigant!

BOLZ *ihn vom Stuhle nötigend.* Bitte, du findest Papier und Tinte dort. Komm, mein Schatz, komm. *Begleitet ihn zur Tür links, Oldendorf ab. Bolz hineinrufend.* Willst du eine Zigarre haben? Eine alte Ugues? *Zieht ein Zigarrenetui aus der Tasche.* Nicht? – Schreibe nur nicht zuwenig, es soll ein Hauptartikel werden! *Schließt die Tür, ruft in die Tür rechts.* Der Professor schreibt den Artikel selbst, sorgen Sie, daß ihn niemand stört. – *Nach dem Vordergrund.* Das wäre abgemacht. – Adelheid hier in der Stadt? – Da will ich doch gleich zu ihr! – Halt, immer hübsch kaltblütig. Du mein alter Bolz, bist nicht mehr der braune Bursch aus dem Pastorgarten, und wenn du's noch bist, *sie* ist längst eine andere geworden. Das Gras ist gewachsen über dem Grabe einer gewissen kindischen Neigung. Wozu trommelst du jetzt auf einmal so unruhig, liebe Seele? Sie ist hier in der Stadt gerade so weit von dir entfernt als auf ihrem Gute. *Sich setzend, mit einem Bleistift spielend.* Nichts über kaltes Blut! brummte der Salamander, als er im Ofenfeuer saß!

Korb.

KORB. Ist hier Herr Bolz zu finden?

BOLZ *aufspringend*. Korb! lieber Korb! Willkommen, herzlich willkom-
men! Das ist brav, daß Sie mich nicht vergessen haben. *Schüttelt ihm die Hand*. Ich freue mich sehr, Sie zu sehen.

KORB. Und erst ich! – Da sind wir in der Stadt! Das ganze Dorf läßt grüßen! Von Anton, dem Pferdejungen – er ist jetzt Großknecht –, bis zum alten Nachtwächter, dem Sie sein Horn damals auf die Turmspitze gehängt haben. Nein, ist das eine Freude!

BOLZ. Wie geht es dem Fräulein? Erzählt, Alter!

KORB. Jetzt ganz vortrefflich. Aber es ist uns schlecht gegangen. Vier Jahre war der selige General krank, das war eine böse Zeit. Sie wissen, er war immer ein ärgerlicher Herr.

BOLZ. Ja, er war schwer zu behandeln.

KORB. Und vollends in seiner Krankheit. Aber das Fräulein hat ihn gepflegt, so sanftmütig und zuletzt so blaß wie ein Lamm. Jetzt, seit er tot ist, führt das Fräulein allein die Wirtschaft und wie der beste Wirt, jetzt ist wieder gute Zeit im Dorfe. Ich werde Ihnen alles erzäh- len, aber erst heut abend, das Fräulein wartet auf mich, ich bin nur schnell hergesprungen, Ihnen zu sagen, daß wir hier sind.

BOLZ. Nicht so eilig, Korb. – Also die Leute im Dorfe denken noch an mich.

KORB. Das will ich meinen. Kein Mensch kann sich erklären, warum Sie nicht zu uns kommen. – Solange der alte Herr noch lebte, ja das war etwas anderes, aber jetzt –

BOLZ *ernst*. Meine Eltern sind tot, im Pfarrhause wohnt ein Fremder!

KORB. Aber wir auf dem Schlosse leben ja noch! Das Fräulein würde sich gewiß freuen –

BOLZ. Erinnert sie sich noch meiner?

KORB. Natürlich. Sie hat erst heut nach Ihnen gefragt.

BOLZ. Was denn, Alter?

KORB. Sie frug mich, ob das wahr wäre, was die Leute sagen, daß Sie ein toller Christ geworden sind, Schulden machen, die Cour machen, Teufeleien machen.

BOLZ. O weh! Sie haben mich gerechtfertigt!

KORB. Versteht sich! Ich habe ihr gesagt, daß sich bei Ihnen das alles von selbst versteht.

BOLZ. Verwünscht! – So denkt sie von mir? – Hören Sie, Korb, Fräulein Adelheid hat wohl viele Freier?

KORB. Der Sand am Meere ist nichts dagegen.

BOLZ *ärgerlich*. Zuletzt kann sie doch nur einen wählen.

KORB *schlau*. Richtig! Aber wen? Das ist die Frage.

BOLZ. Wen denken Sie?

KORB. Ja, das ist schwer zu sagen. Da ist dieser Herr von Senden, der jetzt in der Stadt wohnt. Wenn einer Aussicht hat, wird er's wohl sein. Er ist geschäftig um uns, wie ein Wiesel. Eben erst, wie ich ausgehen will, schickt er ein ganzes Dutzend Eintrittskarten zu dem großen Ressourcen-Fest in unser Haus. Es muß so eine Ressource sein, wo die vornehmen Leute mit den Bürgern Arm in Arm gehen.

BOLZ. Ja, es ist eine politische Gesellschaft, bei welcher Senden Direktor ist. Sie hält einen großen Fischzug nach Wahlmännern. Und der Oberst und die Damen werden hingehen?

KORB. So höre ich, auch ich habe ein Billett bekommen.

BOLZ *für sich*. Ist es so weit gekommen? Der arme Oldendorf! – Und Adelheid beim Klubfest des Herrn von Senden!

KORB *für sich*. Wie fang ich's nur an, daß ich hinter seine Liebschaften komme! *Laut*. Ja, hören Sie, Herr Conrad, noch eins. Haben Sie vielleicht hier in diesem Geschäft einen recht guten Freund, dem Sie mich empfehlen können?

BOLZ. Wozu, mein Alter?

KORB. Es ist nur – ich bin hier im Orte fremd und habe manchmal Aufträge und Besorgungen, wo ich mir keinen Rat weiß, und da möchte ich hier jemand haben, bei dem ich mir Auskunft holen kann, wenn Sie einmal nicht hier sind; oder bei dem ich etwas für Sie zurücklassen kann.

BOLZ. Sie finden mich fast den ganzen Tag hier. *Zur Tür.* Bellmaus! *Bellmaus.* Sieh diesen Herrn an, er ist ein alter würdiger Freund von mir, aus meinem Heimatdorfe. Wenn er mich einmal nicht antreffen sollte, so vertritt du meine Stelle – Dieser Herr heißt Bellmaus und ist ein guter Mensch.

KORB. Ich freue mich Ihrer Bekanntschaft, Herr Bellmaus.

BELLMAUS. Ich ebenfalls, Herr – du hast mir den Namen noch nicht gesagt.

BOLZ. Korb! Aus der großen Familie der Tragekörbe, er hat viel in seinem Leben zu tragen gehabt, auch mich hat er oft auf seinem Rücken getragen.

BELLMAUS. Ich freue mich ebenfalls, Herr Korb.

Schütteln einander die Hände.

KORB. So, abgemacht; und jetzt muß ich fort, sonst wartet das Fräulein.

BOLZ. Leben Sie wohl, auf baldiges Wiedersehen.

Korb ab, Bellmaus ab durch die Tür rechts.

BOLZ *allein.* Also dieser Senden wirbt um sie. Oh, das ist bitter!

Henning, gefolgt von Müller.

HENNING *im Schlafrock, eilig, einen bedruckten Bogen in der Hand.* Diener, Herr Bolz! Heißt es *Konditor* oder *Kanditor?* Der neue Korrektor hat korrigiert *Kand*itor.

BOLZ *in Gedanken.* Mein wackerer Herr Henning, die Union druckt *Kond*itor.

HENNING. Ich hab's gleich gesagt. *Zu Müller.* Es soll geändert werden, die Maschine wartet. *Müller eilig ab.* Bei der Gelegenheit habe ich den Leitartikel gelesen. Er ist von Ihnen, jedenfalls. Er ist sehr gut, aber zu scharf, lieber Herr Bolz; Pfeffer und Senf, das wird Ärgernis geben, das wird böses Blut machen.

BOLZ *in Gedanken, heftig.* Ich habe von je gegen diesen Menschen einen Widerwillen gehabt.

HENNING *gekränkt.* Wie? Was? Herr Bolz? Sie haben einen Widerwillen gegen mich?

BOLZ. Gegen wen? Nein, lieber Herr Henning, Sie sind ein braver Mann und wären der beste aller Zeitungsbesitzer, wenn Sie nicht manchmal ein furchtsamer Hase wären. *Umarmt ihn.* Empfehlen Sie mich Madame Henning, Herr, und lassen Sie mich allein, ich denke über den nächsten Artikel.

HENNING *während er hinausgedrängt wird.* Schreiben Sie nur recht sanft und menschenfreundlich, lieber Herr Bolz.

BOLZ *allein, wieder umhergehend.* Senden weicht mir aus, wo er kann; er erträgt von mir Dinge, die jeden andern in Harnisch brächten. Sollte er ahnen –

Müller.

MÜLLER *eilig.* Eine fremde Dame wünscht ihre Aufwartung zu machen.

BOLZ *rasch.* Eine Dame? und mir?

MÜLLER. Dem Herrn Redakteur.

Übergibt eine Karte.

BOLZ *liest.* Leontine Pavoni-Geßler, geb. Melloni, aus Paris. – Die muß von der Kunst sein. Ist sie hübsch?

MÜLLER. Hm! So so!

BOLZ. So sagen Sie ihr, wir ließen bedauern, daß wir nicht das Vergnügen haben könnten, die Redaktion hätte heut große Wäsche.

MÜLLER. Was?

BOLZ *heftig.* Wäsche, Kinderwäsche, wir säßen im Seifenschaum bis über die Ellenbogen.

MÜLLER *lachend.* Und das soll ich –?

BOLZ *ungeduldig.* Sie sind ein Strohkopf! *Zur Tür.* Bellmaus! *Bellmaus.* Bleibe hier, und nimm den Besuch ab. *Gibt ihm die Karte.*

BELLMAUS. Ach, das ist die neue Tänzerin, die hier erwartet wird. *Seinen Rock besehend.* Aber ich habe ja keine Toilette gemacht.

BOLZ. Um so mehr Toilette wird sie gemacht haben. *Zu Müller.* Herein mit der Dame!

Müller ab.

BELLMAUS. Aber ich kann wirklich nicht –

BOLZ *ärgerlich.* Zum Henker, ziere dich nicht!

Madame Pavoni.

PAVONI. J'ai l'honneur de parler à monsieur le rédacteur –

BOLZ *auf Bellmaus deutend.* Veuilez vous adresser à ce monsieur.

BELLMAUS. Französisch spricht sie? Das wird eine schöne Geschichte!

PAVONI *zu Bellmaus.* Ah c'est donc vous, monsieur, dont les articles pleins d'esprit et de charme brûlent le monde! Dont le langage gracieux et éloquent fait le délice des salons! Ah que je suis heureuse de voir ce grand homme –

BELLMAUS. Oh, ich bitte –! je vous prie! Entrez – in diese Stube, s'il vous plaît.

PAVONI. En vérité, on s'arrache les journaux, qui contiennent un mot de vous –

Hinein nach rechts.

BOLZ. Korb muß mir Eintritt zu diesem Ressourcenfest verschaffen.

Ab.

BELLMAUS *ihr nach in der Tür.* Eine französische Visite! – Welche Verlegenheit für einen deutschen Dichter!

Zweiter Akt

Erste Szene

Gartensaal des Obersten.
Im Vordergrunde rechts Ida und Adelheid, neben Adelheid der
Oberst, alle sitzend. Vor ihnen ein Tisch mit Kaffeeservice.

OBERST *im Gespräch mit Adelheid, herzlich lachend.* Eine vortreffliche
Geschichte und drollig erzählt. – Ich bin seelenfroh, daß Sie bei uns
sind, liebe Adelheid, jetzt wird doch etwas anderes an unserem Tisch
besprochen werden als die leidige Politik! – Hm! Der Professor
kommt heut nicht. Er fehlte doch sonst nicht zur Kaffeestunde.

Pause, Adelheid und Ida sehen einander an. Ida seufzt.

ADELHEID. Vielleicht hat er zu arbeiten.
IDA. Oder er zürnt auf uns, weil ich heut abend zum Feste gehe.
OBERST *ärgerlich.* Dummes Zeug, du bist nicht seine Frau, nicht einmal
seine erklärte Braut. Du bist im Hause deines Vaters und gehörst in
meinen Kreis. – Hm, ich merke, er trägt mir nach, daß ich mich
neulich ausgesprochen habe. Ich glaube, ich war etwas heftig.
ADELHEID *mit dem Kopf nickend.* Ja, wie ich höre, etwas.
IDA. Er ist besorgt um Ihre Stimmung, lieber Vater.
OBERST. Na, ich habe Grund genug, ärgerlich zu sein, erinnere mich
nicht daran. Und daß er sich noch in diese Wahlen verwickeln ließ,
das ist unverzeihlich. – *Steht auf, geht auf und ab.* Schicke doch
einmal zu ihm, Ida.

Ida klingelt. Karl.

IDA. Eine Empfehlung an Herrn Professor, und wir warten mit dem
Kaffee auf ihn.

Karl ab.

OBERST. Nun, das Warten war gerade nicht nötig, wir haben ja getrun-
ken.
ADELHEID. Meine Ida noch nicht.
IDA. Still.
ADELHEID. Warum hat er sich nur als Kandidat aufstellen lassen? Er
hat ohnedies Geschäfte genug.

OBERST. Alles Ehrgeiz, ihr Mädchen. In diesen jungen Herren steckt
der Teufel des Ehrgeizes, er treibt sie wie der Dampf die Lokomoti-
ven.

IDA. Nein, Vater, er hat dabei nicht an sich gedacht.

OBERST. Das stellt sich nicht so nackt dar: ich will Karriere machen,
oder ich will ein gefeierter Mann werden. Das geht feiner zu. Da
kommen die guten Freunde und sagen: Es ist Pflicht gegen die gute
Sache, daß du – es ist ein Verbrechen gegen dein Vaterland, wenn
du nicht – dir ist es ein Opfer, aber wir fordern es; – und so wird
der Eitelkeit ein hübscher Mantel umgehangen, und der Wahlkandidat
springt hervor, natürlich aus reinem Patriotismus. Lehrt einen alten
Soldaten nicht die Welt kennen. Wir, liebe Adelheid, sitzen ruhig
und lachen über diese Schwächen.

ADELHEID. Und ertragen sie mit Nachsicht, wenn wir ein so gütiges
Herz haben wie Sie.

OBERST. Ja, Erfahrung macht klug.

Karl.

KARL. Herr v. Senden und zwei andere Herren.

OBERST. Was wollen die? Sehr angenehm! *Karl ab.* Erlaubt, Kinder,
daß ich sie hier hereinführe. Senden verweilt nie lange, er ist ein
unruhiger Geist.

Die Damen stehen auf.

IDA. Die Stunde ist uns wieder gestört.

ADELHEID. Gräme dich nicht, um so mehr Zeit haben wir zu unserer
Toilette.

33

Adelheid und Ida ab nach links.
Senden, Blumenberg, ein dritter Herr.

SENDEN. Herr Oberst, wir kommen im Auftrage des Ausschusses für
die bevorstehende Wahl, um Ihnen anzuzeigen, daß vom Komitee
einstimmig der Beschluß gefaßt worden ist, als Wahlkandidaten unserer Partei Sie, Herr Oberst, aufzustellen.

OBERST. Mich?

SENDEN. Das Komitee bittet Sie, diesem Beschluß Ihre Zustimmung
zu geben, damit noch heut abend beim Fest den Wählern die nötige
Mitteilung gemacht werden kann.

OBERST. Sprechen Sie im Ernst, lieber Senden? Wie kommt das Komitee auf den Gedanken?

SENDEN. Herr Oberst, der Präsident, welcher nach früherem Abkommen unsere Stadt vertreten sollte, hat es für nützlicher gehalten, sich in einem Bezirk der Provinz zu bewerben; außer ihm lebt in unserer Stadt niemand, der so allgemein gekannt und bei der Bürgerschaft beliebt ist als Sie. Wenn Sie unserer Bitte nachgeben, so ist unserer Partei der Sieg gewiß; wenn Sie ablehnen, so ist die größte Wahrscheinlichkeit, daß unsere Gegner ihren Willen durchsetzen. Sie werden mit uns einverstanden sein, daß ein solcher Ausgang unter allen Umständen vermieden werden muß.

OBERST. Ich sehe das alles ein, aber gerade für mich ist es aus persönlichen Gründen unmöglich, in dieser Sache unsern Freunden zu nützen.

SENDEN *zu den übrigen.* Erlauben Sie mir, dem Herrn Obersten einiges anzuführen, was ihn vielleicht unsern Wünschen geneigt macht.

Blumenberg und der andere Herr ab in den Garten, wo sie zuweilen sichtbar werden.

OBERST. Aber, Senden, wie konnten Sie mich in diese Verlegenheit setzen? Sie wissen, daß Oldendorf seit Jahren in meinem Hause verkehrt und daß es für mich sehr unangenehm sein muß, ihm öffentlich entgegenzutreten.

SENDEN. Hat der Professor wirklich solche famose Anhänglichkeit an Sie und Ihr Haus, so hat er jetzt die beste Gelegenheit, sie zu zeigen. Es versteht sich von selbst, daß er sogleich zurücktreten wird.

OBERST. Ich bin davon doch nicht überzeugt; er ist in manchen Dingen sehr hartnäckig.

SENDEN. Tritt er nicht zurück, so ist ein solcher Egoismus kaum noch Hartnäckigkeit zu nennen. Und in diesem Falle haben Sie doch schwerlich eine Verpflichtung gegen ihn; eine Verpflichtung, Herr Oberst, welche dem ganzen Lande Schaden brächte. Außerdem hat er keine Aussicht, gewählt zu werden, wenn Sie annehmen, denn Sie werden ihn mit einer nicht großen, aber sichern Majorität besiegen.

OBERST. Ist uns denn diese Majorität sicher?

SENDEN. Ich glaube mich dafür verbürgen zu können. Blumenberg und die andern Herren haben sehr genaue Prüfungen angestellt.

OBERST. Dem Professor wäre es ganz recht, wenn er vor mir retirieren müßte. – Aber nein – nein, es geht doch nicht, mein Freund.

SENDEN. Wir wissen, Herr Oberst, welches Opfer wir Ihnen zumuten und daß Sie nichts dafür entschädigen kann als das Bewußtsein, dem Vaterlande einen großen Dienst geleistet zu haben.

34

OBERST. Allerdings.

SENDEN. So würde man das auch in der Residenz ansehen, und ich bin überzeugt, daß Ihr Eintritt in der Kammer noch in andern Kreisen als bei Ihren zahlreichen Freunden und Verehrern große Freude hervorrufen wird.

OBERST. Ich würde viele alte Freunde und Kameraden dort treffen. *Für sich.* Ich würde bei Hofe präsentiert werden.

SENDEN. Neulich erkundigte sich der Kriegsminister mit großer Wärme nach Ihnen, auch er muß ein Kriegskamerad von Ihnen sein.

OBERST. Freilich, wir standen als junge Hähne bei derselben Kompanie und haben manchen tollen Streich miteinander gemacht. Es wäre mir eine große Freude zu sehen, wie er in der Kammer sein ehrliches Gesicht in finstre Falten zieht; er war beim Regiment ein wilder Teufel, aber ein braver Junge.

SENDEN. Und er wird nicht der Einzige sein, welcher Sie mit offenen Armen empfängt.

OBERST. Jedenfalls müßte ich die Sache überlegen.

SENDEN. Zürnen Sie nicht, Herr Oberst, wenn ich Sie dränge, sich für uns zu entscheiden. Heut abend müssen wir der eingeladenen Bürgerschaft ihren Abgeordneten vorstellen, es ist die höchste Zeit, wenn nicht alles verloren sein soll.

OBERST *unsicher.* Senden, Sie setzen mir das Messer an die Kehle. *Senden winkt die Herren von der Gartentür näher heran.*

BLUMENBERG. Wir wagen, in Sie zu dringen, weil wir wissen, daß ein so guter Soldat wie Sie, Herr Oberst, seinen Entschluß schnell faßt.

OBERST *nach innerem Kampfe.* Nun so sei es, meine Herren, ich nehme an. Sagen Sie dem Comité, daß ich das Vertrauen zu schätzen weiß. Heute abend besprechen wir das Nähere.

BLUMENBERG. Wir danken Ihnen, Herr Oberst, die ganze Stadt wird Ihren Entschluß mit Freuden vernehmen.

OBERST. Auf Wiedersehen heut abend! *Die Herren ab, Oberst allein, nachdenkend.* Ich hätte doch nicht so schnell annehmen sollen. – Aber ich mußte dem Kriegsminister den Gefallen tun. – Was werden die Mädchen dazu sagen; und Oldendorf? *Oldendorf.* Da ist er selbst! *Räuspert sich.* – Er wird sich wundern, ich kann ihm nicht helfen, er muß zurücktreten. Guten Tag, Professor, Sie kommen gerade recht.

OLDENDORF *eilig.* Herr Oberst, in der Stadt erzählt man sich, die Partei des Herrn v. Senden habe Sie als Wahlkandidaten aufgestellt, ich bitte Sie selbst um die Versicherung, daß Sie eine solche Wahl nicht annehmen würden.

OBERST. Wenn mir der Antrag gemacht worden wäre, warum sollte ich ihn nicht annehmen so gut wie Sie? Ja eher als Sie; denn die Motive, welche mich bestimmen könnten, sind jedenfalls stichhaltiger als Ihre Gründe.

OLDENDORF. Also ist doch etwas an dem Gerücht?

OBERST. Geradeheraus, es ist die Wahrheit, ich habe angenommen, Sie sehen in mir Ihren Gegner.

OLDENDORF. Das ist das Schlimmste von allem, was unser Verhältnis bis jetzt getrübt hat. So soll mir nichts Bitteres erspart werden.

OBERST. Sie werden einsehen, lieber Oldendorf, daß jetzt der Zeitpunkt gekommen ist, wo Sie mit Ehren zurücktreten können.

OLDENDORF. Herr Oberst, konnte nicht die Erinnerung an eine Freundschaft, welche jahrelang herzlich und ungestört war, Sie bewegen, diesen widerwärtigen Kampf zu vermeiden?

OBERST. Ich konnte nicht anders, Oldendorf, glauben Sie mir; an Ihnen ist es jetzt, sich unserer alten Freundschaft zu erinnern. Sie sind der jüngere Mann, von andern Beziehungen zu schweigen, an Ihnen ist es jetzt zurückzutreten.

OLDENDORF *eifriger.* Herr Oberst, ich kenne Sie seit Jahren, ich weiß, wie lebhaft und warm Sie empfinden und wie wenig Ihr feuriges Gefühl geeignet ist, den kleinen Ärger der Tagespolitik, den aufreibenden Kampf der Debatte zu ertragen. O mein würdiger Freund, hören Sie auf meine Bitten und nehmen Sie Ihre Einwilligung zurück.

OBERST. Lassen Sie das meine Sorge sein; ich bin ein alter Stamm aus hartem Holz. – Denken Sie an sich selbst, lieber Oldendorf. Sie sind jung, Sie haben als Gelehrter einen Ruf, Ihre Wissenschaft sichert Ihnen jede Art von Erfolg. Wozu wollen Sie in einer andern Tätigkeit sich statt Ehre und Anerkennung nichts als Haß, Spott und Zurücksetzung holen? Denn bei Ihren Ansichten werden die nicht ausbleiben. Denken Sie daran. Sein Sie verständig und treten Sie zurück.

OLDENDORF. Herr Oberst, wenn ich *meinen* Wünschen folgen dürfte, ich täte es auf der Stelle. Ich bin aber in diesem Kampfe an meine Freunde gebunden, ich darf jetzt nicht zurücktreten.

OBERST *eifrig.* Und ich darf auch nicht zurücktreten, um der guten Sache nicht zu schaden. Da sind wir so weit wie im Anfange. *Für sich.* Der Trotzkopf! – *Beide gehen an verschiedenen Seiten der Bühne auf und ab.* Sie haben aber gar keine Aussicht, gewählt zu werden, Oldendorf; es ist sicher, daß die Majorität der Stimmen meinen

Freunden angehört; Sie setzen sich einer öffentlichen Niederlage aus. *Gutmütig.* Ich möchte nicht, daß Sie vor allen Leuten durch mich geschlagen werden, das gibt Geschwätz und Skandal. Denken Sie doch daran! Es ist ganz unnütz, daß Sie erst zum Zweikampf herausfordern.

OLDENDORF. Selbst wenn das alles so sicher wäre, als Sie annehmen, Herr Oberst, würde ich doch bis zur Entscheidung aushalten müssen. Aber soweit ich die Stimmung beurteilen kann, ist das Resultat gar nicht so sicher. Und bedenken Sie, Herr Oberst, wenn der Fall eintritt, daß Sie unterliegen –

OBERST *ärgerlich.* Ich sage Ihnen, er tritt nicht ein.

OLDENDORF. Wenn es aber doch so käme? Wie widerwärtig wäre das für uns beide! Mit welchen Empfindungen würden Sie mich dann ansehen! Eine Niederlage wäre meinem Herzen vielleicht willkommen, Ihnen würde sie tiefe Kränkung sein. Und, Herr Oberst, ich fürchte diese Möglichkeit.

OBERST. Ebendeshalb sollen Sie zurücktreten.

OLDENDORF. Ich darf nicht mehr, Sie aber können es noch.

OBERST *heftig.* Donnerwetter, Herr. Ich habe ja gesagt, ich bin nicht der Mann, ein Nein darauf zu setzen. – *Beide gehen auf und ab.* So wären wir am Ende, Herr Professor. Meine Wünsche gelten Ihnen nichts, ich hätte das wissen können. Ein jeder von uns gehe seinen Weg. – Wir sind öffentliche Gegner geworden, wir wollen einander ehrliche Feinde sein.

OLDENDORF *die Hand des Obersten ergreifend.* Herr Oberst, ich halte diesen Tag für einen sehr unglücklichen, denn ich sehe Trauriges auf ihn folgen. Bewahren Sie sich unter allen Umständen die Überzeugung, daß meine Liebe und Anhänglichkeit an Sie durch nichts zu erschüttern ist.

OBERST. Zuletzt ist unsere Position wie vor einer Schlacht. Sie wollen sich von einem alten Militär schlagen lassen, Sie sollen Ihren Willen haben.

OLDENDORF. Ich bitte um die Erlaubnis, unser Gespräch Fräulein Ida mitzuteilen.

OBERST *etwas unruhig.* Es ist besser, Sie tun das jetzt nicht, Herr Professor; es wird sich schon eine Gelegenheit finden. Vorläufig sind die Damen bei der Toilette, ich selbst werde ihnen das Nötige sagen.

OLDENDORF. Leben Sie wohl, Herr Oberst, und denken Sie meiner ohne Groll.

OBERST. Ich werde das Mögliche darin tun, Herr Professor. – *Oldendorf ab*. Er hat nicht nachgegeben. Was für ein Ehrgeiz in diesem Gelehrten sitzt!

Ida, Adelheid.

IDA. War das nicht Oldendorfs Stimme?

OBERST. Ja, mein Kind!

ADELHEID. Und er ist wieder fort? Ist etwas vorgefallen?

OBERST. Allerdings, ihr Mädchen. Kurz heraus, nicht Oldendorf wird Abgeordneter der Stadt, sondern ich.

ADELHEID. Sie, Herr Oberst?

IDA. Sie, Vater?

IDA. Ist Oldendorf zurückgetreten?

ADELHEID. Ist die Wahl vorüber?

OBERST. Keins von beiden. Oldendorf hat seine vielgepriesene Anhänglichkeit an uns dadurch bewiesen, daß er nicht zurückgetreten ist, und der Tag der Wahl ist noch nicht vorüber. Doch ist nach allem, was ich höre, kein Zweifel, daß Oldendorf unterliegt.

IDA. Und Sie, mein Vater, sind vor aller Welt sein Gegner geworden?

ADELHEID. Und was hat Oldendorf dazu gesagt, Herr Oberst?

OBERST. Macht mir den Kopf nicht warm, ihr Mädchen! – Oldendorf war hartnäckig, sonst hat er eine gute Haltung gezeigt, und von der Seite ist alles in Ordnung. Die Gründe, welche mich bestimmt haben, das Opfer zu bringen, sind sehr wichtig, ich werde sie euch ein andermal auseinandersetzen! Die Sache ist entschieden, ich habe angenommen, das laßt euch jetzt genügen.

IDA. Aber lieber Vater –

OBERST. Laß mich in Ruhe, Ida, ich habe an anderes zu denken. Heut abend soll ich öffentlich sprechen, das ist einmal der Brauch bei solchen Wahlen. – Sorge nicht, mein Kind, wir wollen schon mit dem Professor und seinem Anhange fertig werden.

Oberst ab nach dem Garten.
Ida und Adelheid stehen einander gegenüber und ringen die Hände.

IDA. Was sagst du dazu?

ADELHEID. Du bist die Tochter, was sagst du?

IDA. Nein! der Vater! Kaum hat er uns gründlich auseinandergesetzt, was für kleine Mäntel der Ehrgeiz bei solchen Wahlen umnimmt –

ADELHEID. Ja, er hat sie recht anschaulich beschrieben, alle Hüllen, Mäntel und Burnusse der Eitelkeit.

IDA. Und in der nächsten Stunde darauf läßt er sich selbst den Mantel
   umhängen. Das ist ja schrecklich! – Und wenn der Vater nicht gewählt wird? Es war Unrecht von Oldendorf, daß er der Schwäche
   des Vaters nicht nachgegeben hat. Ist das Ihre Liebe zu mir, Herr
   Professor? Auch er hat nicht an mich gedacht!
ADELHEID. Weißt du was? Wir wollen wünschen, daß sie beide
   durchfallen. Diese Politiker! – Es war schlimm genug für dich, als
   nur einer Politik trieb; jetzt, da sie beide von dem sinnbetörenden
   Trank trinken, bist du auf alle Fälle geliefert. Wenn ich jemals in die
   Lage käme, einen Mann zu meinem Herrn zu machen, ich würde
   ihm nur eine Bedingung stellen, die weise Lebensregel meiner alten
   Tante: Rauchen Sie Tabak, mein Gemahl, soviel Sie wollen, der ver-
   dirbt höchstens die Tapeten, aber unterstehen Sie sich nicht, jemals
   eine Zeitung anzusehen, das verdirbt Ihren Charakter. *Korb an der
   Tür.* Was bringen Sie, Korb?
KORB *eilig, geheimnisvoll.* Es ist nicht wahr!
ADELHEID *ebenso.* Was ist nicht wahr?
KORB. Daß er eine Braut hat, er denkt nicht daran, sein Freund sagt,
   er hat nur *eine* Geliebte.
ADELHEID *eifrig.* Wer ist die?
KORB. Seine Zeitung!
ADELHEID *erleichtert.* Ah so! *Laut.* Da kann man sehen, wieviel Un-
   wahres die Menschen sprechen. Es ist gut, lieber Korb!

Korb ab.

IDA. Was ist unwahr?
ADELHEID *seufzend.* Ach, daß wir Frauen klüger sind als die Männer,
   wir reden ebenso weise, und ich fürchte, wir haben ebenso große
   Lust, bei der ersten Gelegenheit unsere Weisheit zu vergessen. Wir
   sind alle zusammen arme Sünder!
IDA. Du kannst scherzen, du hast nie empfunden, daß der Vater und
   der geliebte Freund einander feindlich gegenüberstehen.
ADELHEID. Meinst du? – Ich habe aber eine gute Freundin gehabt,
   die hatte ihr Herz törichterweise an einen hübschen übermütigen
   Burschen gehängt, sie war damals noch ein Kind, und es war ein
   sehr rührendes Verhältnis. Ritterliche Huldigung von seiner Seite
   und zarte Seufzer von der ihren. Da hatte die junge Heldin das Unglück, eifersüchtig zu werden, und sie vergaß Poesie und Anstand
   so weit, dem erwählten Ritter ihres Herzens einen Backenstreich zu
   geben. Es war nur ein ganz kleiner Backenstreich, aber er wurde

verhängnisvoll. Der Vater der jungen Dame hatte ihn gesehen und forderte Erklärung. Da tat der junge Ritter, was ein echter Held tun muß, er nahm die ganze Schuld auf sich und sagte dem erschrockenen Vater, er habe von der Dame einen Kuß gefordert – der arme Junge! so anmaßend war er nie! – ein Schlag sei die Antwort gewesen. Der Vater war ein strenger Mann, er mißhandelte den Jüngling. Der Held wurde aus seiner Familie, aus seiner Heimat entfernt, und die Heldin saß einsam in ihrem Burgsöller und weinte um den Verlorenen.

IDA. Sie hätte ihrem Vater die Wahrheit sagen sollen.

ADELHEID. Oh, das tat sie, aber ihr Geständnis machte das Übel ärger. Seit der Zeit sind viele Jahre vergangen, und der Ritter und seine Dame sind jetzt alte Leute und sehr verständig.

IDA *lächelnd.* Und haben sie einander nicht mehr lieb, weil sie verständig sind?

ADELHEID. Liebes Kind, wie der Herr denkt, kann ich dir so genau nicht sagen; er hat dem Fräulein nach dem Tode ihres Vaters einen sehr schönen Brief geschrieben, weiter weiß ich nichts; aber die Dame hat mehr Courage als du, sie hofft noch immer. *Ernst.* Ja, sie hofft, und ihr Vater hat ihr das vor seinem Tode selbst erlaubt – du siehst, sie hofft noch.

IDA *sie umarmend.* Und wer ist der Verstoßene, auf den sie hofft?

ADELHEID. Still, mein Liebchen, das ist ein finsteres Geheimnis. Nur 42 wenig lebende Menschen wissen darum; und wenn die Vögel auf den Bäumen von Rosenau einander davon erzählen, so behandeln sie die Geschichte als eine dunkle Sage ihrer Vorfahren, sie singen dann leise und klagend, und ihre Federn sträuben sich vor Ehrfurcht. – Zu seiner Zeit sollst du alles erfahren, jetzt denke an das Fest und wie hübsch du aussehen wirst.

IDA. Hier der Vater, dort der Geliebte, wie soll das enden?

ADELHEID. Sei ohne Sorgen. Der eine ist ein alter Soldat, der andere ein junger Staatsmann, dergleichen öffentliche Charaktere sind zu allen Zeiten von uns Frauen um den kleinen Finger gewickelt worden.

Beide ab.

Zweite Szene

Seitenzimmer eines öffentlichen Saals. Die Hinterwand ein großer offener Bogen, womöglich 2–3teilig mit Pfeilern, durch welche man in den erleuchteten Saal sieht und dahinter in einen zweiten. Vorn

links eine Tür, rechts Tische und Stühle; Kronleuchter; später von
Zeit zu Zeit ferne Musik.
Im Saal Herren und Damen stehend, in Gruppen oder auf- und
abgehend. Senden, Blumenberg, hinter diesen Schmock aus dem
Saal.

SENDEN. Alles geht gut. Ein superber Geist in der Gesellschaft. Diese guten Bürger sind entzückt über unser Arrangement. – Das mit dem Fest war ein vortrefflicher Gedanke von Ihnen, Blumenberg.

BLUMENBERG. Machen Sie nur, daß die Leute schnell warm werden. Etwas Musik tut zum Anfang gute Dienste, am besten sind Wiener Tänze wegen der Frauen. Dann kommt eine Rede von Ihnen, dann einige Gesangstücke, und beim Essen die Vorstellung des Obersten und die Gesundheiten! Es kann nicht fehlen, die Leute müssen Herzen von Stein haben, wenn sie ihre Stimmen nicht geben zum Dank für ein solches Fest.

SENDEN. Die Gesundheiten sind verteilt.

BLUMENBERG. Aber die Musik? Warum schweigt die Musik?

SENDEN. Ich warte bis zur Ankunft des Obersten.

BLUMENBERG. Er muß mit einem Tusch empfangen werden; das wird ihm schmeicheln, wissen Sie.

SENDEN. So ist's bestellt. Gleich darauf beginnt ein Marsch, und wir führen ihn im Zuge ein.

BLUMENBERG. Sehr gut! Das gibt dem Eintritt die Feierlichkeit. Denken Sie nur an Ihre Rede; sein Sie populär, denn wir sind heut unter dem großen Haufen.

Gäste im mittleren Saal, unter ihnen Henning.

SENDEN *mit Blumenberg die Honneurs machend.* Sehr erfreut, Sie hier zu sehen. – Wir wußten, daß Sie uns nicht fehlen würden. – Ist dies Ihre Frau Gemahlin?

GAST. Ja, dieses ist meine Frau, Herr v. Senden.

SENDEN. Auch Sie bei uns, Herr Henning? Sein Sie willkommen, werter Herr!

HENNING. Ich bin durch meinen Freund eingeladen und war doch neugierig. Ich hoffe, mein Hiersein wird niemandem unangenehm sein?

SENDEN. Im Gegenteil. Wir sind entzückt, Sie hier zu begrüßen.

Gäste ab durch die Mitteltür, Senden im Gespräch mit ihnen ab.

BLUMENBERG. Er versteht's, die Leute zu treiben. Das sind die guten Manieren dieser Herren. Er ist nützlich; er ist auch mir nützlich; er treibt die andern, und ich treibe ihn. *Sich umwendend, Schmock erblickend, der sich an der Tür herumbewegt.* Was tun Sie hier? Was stehen Sie und horchen? Sie sind kein Torschreiber von der Akzise. Machen Sie, daß Sie nicht in meiner Nähe bleiben. Verteilen Sie sich in der Gesellschaft. 44

SCHMOCK. Zu wem soll ich gehen, wenn ich keine Bekannten habe unter all den Leuten? Sie sind meine einzige Bekanntschaft.

BLUMENBERG. Wozu brauchen Sie den Leuten zu sagen, daß ich Ihre Bekanntschaft bin? Es ist mir keine Ehre, neben Ihnen zu stehen.

SCHMOCK. Wenn es keine Ehre ist, so ist es auch keine Schande. Ich kann auch gehen allein.

BLUMENBERG. Haben Sie Geld, daß Sie etwas verzehren können? Gehen Sie zum Restaurateur und lassen Sie sich etwas geben auf meinen Namen. Das Komitee wird's bezahlen.

SCHMOCK. Ich will nicht hingehen zu essen. Ich brauche nichts auszugeben, ich habe gegessen. *Ferner Tusch und Marsch, Blumenberg ab. Schmock allein, nach vorn, heftig.* Ich haß ihn, ich will's ihm sagen, daß ich ihn hasse und daß ich ihn verachte im Grund meines Herzens. *Wendet sich zum Gehen, umkehrend.* Ich kann's ihm doch nicht sagen, denn er streicht mir dann alles in meiner Korrespondenz, die ich ihm für die Zeitung mache. Ich will sehen, ob ich's kann hinunterschlucken. *Ab durch die Mitteltür.*

Bolz, Kämpe, Bellmaus zur Seitentür herein.

BOLZ *einmarschierend.* Da sind wir im Hause der Capulet. – *Pantomime des Degeneinsteckens.* Verbergt eure Schwerter unter Rosen, blast eure Bäckchen auf, und seht so dumm und unschuldig aus als möglich. Vor allem fangt mir keine Händel an, und wenn ihr diesem Tybald, dem Senden, begegnet, so seid so gut und drückt euch um die Ecke. – *Man sieht die Polonaise durch die beiden hintern Säulen gehen.* Du, Romeo Bellmaus, nimm dich vor den Weibsen in acht, ich sehe dort mehr Locken flattern und Taschentücher schwenken, als für deine Gemütsruhe gut ist. 45

KÄMPE. Wetten wir eine Flasche Champagner, wenn einer von uns Händel bekommt, so sind Sie der eine.

BOLZ. Möglich, aber ich verspreche Ihnen, daß Sie Ihren Anteil daran sicher erhalten sollen. – Jetzt hört meinen Operationsplan. Sie,

Kämpe - *Schmock.* Halt, wer ist das? – Wetter, das Faktotum des Coriolan! Unser Inkognito hat nicht lange gedauert.

SCHMOCK *der schon vor den letzten Worten an der Tür beobachtend sichtbar gewesen, vortretend.* Ich wünsche einen angenehmen Abend, Herr Bolz.

BOLZ. Ich wünsche dasselbe in noch angenehmerer Qualität, Herr Schmock.

SCHMOCK. Könnte ich nicht ein paar Worte mit Ihnen sprechen?

BOLZ. Ein paar? Fordern Sie nicht zuwenig, edler Waffenträger des Coriolan. Zwei Dutzend Worte sollen Sie haben, aber nicht mehr. Machen wir das Geschäft schnell ab.

SCHMOCK. Könnten Sie mir nicht Beschäftigung geben bei Ihrer Zeitung?

BOLZ *zu Kämpe und Bellmaus.* Hört Ihr? *Mit Gravität.* Bei unserer Zeitung? Hm! Du forderst viel, edler Römer!

SCHMOCK. Ich hab's satt bei dem Coriolan. – Ich wollte Ihnen alles machen, was Sie zu tun haben. Ich möchte gern bei honetten Menschen sein, wo man seinen Verdienst hat und eine anständige Behandlung.

BOLZ. Was verlangen Sie von uns, Sklave Roms? Wir sollten Sie Ihrer Partei entziehen? Nimmermehr! Wir sollten Ihren politischen Überzeugungen Gewalt antun? Sie zum Abtrünnigen machen? Wir sollten die Schuld tragen, daß Sie zu unserer Partei kämen? Niemals! Unser Gewissen ist zart, es empört sich gegen Ihren Vorschlag.

SCHMOCK. Wozu machen Sie sich Sorgen um das? Ich habe bei dem Blumenberg gelernt, in allen Richtungen zu schreiben. Ich habe geschrieben links und wieder rechts. Ich kann schreiben nach jeder Richtung.

BOLZ. Ich sehe, Sie haben Charakter. Sie sind zwar jetzt ein armer Teufel, aber es wird Ihnen noch besser gehen in der Welt. Ihnen kann's in unserer Zeit nicht fehlen. Ihr Anerbieten ehrt uns, aber wir können es jetzt nicht annehmen. Eine so welterschütternde Begebenheit wie Ihr Übertritt will reiflich erwogen sein. – Unterdes sollen Sie Ihr Vertrauen keinem fühllosen Barbaren geschenkt haben. – *Beiseite zu den andern.* Vielleicht ist etwas aus ihm herauszulocken! – Bellmaus, du hast das beste Herz unter uns dreien, du mußt dich heut seiner annehmen.

BELLMAUS. Was soll ich denn aber mit ihm anfangen?

BOLZ. Führe ihn nach der Restauration, setze dich mit ihm in eine Ecke und gieße ihm Punsch in alle Löcher seines armen Kopfes, bis seine Geheimnisse herausspringen wie nasse Mäuse. Mache ihn schwatzen, besonders über die Wahlen. Geh, Kleiner, und sei hübsch vorsichtig, daß du nicht selbst warm wirst und plauderst.

BELLMAUS. Auf die Art werde ich von dem Fest nicht viel sehen.

BOLZ. Das wirst du nicht, mein Sohn! Aber was hast du an dem Fest? Hitze, Staub und alte Tanzmusik! Übrigens werden wir dir morgen alles erzählen und zuletzt bist du Dichter und kannst dir das Ganze viel schöner vorstellen, als es in der Wirklichkeit ist. Deshalb gräme dich nicht. Deine Rolle scheint undankbar, aber sie ist die wichtigste von allen, denn sie erfordert Kälte und Schlauheit. Geh, meine Maus, und hüte dich vor Erhitzung.

BELLMAUS. Ich werde mich hüten, mein Herr Kater. – Kommen Sie, Schmock.

Bellmaus und Schmock ab.

BOLZ. Es wird gut sein, wenn auch wir uns trennen.

KÄMPE. Ich gehe die Stimmung beobachten. Wenn ich Sie brauche, werde ich Sie aufsuchen.

BOLZ. Ich darf mich nicht viel zeigen, ich bleibe hier in der Nähe. *Kämpe ab.* Endlich allein! *Geht an die Mitteltür.* Dort steht der Oberst, von einem dichten Kreis umgeben! – Sie ist es! – Sie ist hier, und ich muß im Versteck liegen wie ein Fuchs unter Blättern! – Aber sie hat Falkenaugen, vielleicht – der Knäuel löst sich, sie geht mit Ida Arm in Arm durch den Saal – *Lebhaft.* sie kommen näher! – *Ärgerlich.* O weh! Hier stürzt Korb auf mich zu! Gerade jetzt!

Korb.

KORB. Herr Conrad, ich traue meinen Augen nicht, Sie hier, auf diesem Fest?

BOLZ *eilig.* Still, Alter, ich bin nicht ohne Grund hier. Ihnen kann ich mich anvertrauen, Sie gehören ja zu uns.

KORB. Mit Leib und Seele. In all dem Gerede und Gefiedel rufe ich immer im Stillen: Vivat die Union! Hier steckt sie

Zeigt eine Zeitung in der Tasche.

BOLZ. Gut, Korb, Sie können mir einen großen Gefallen tun. In einer Ecke der Restauration sitzt Bellmaus neben einem Fremden. Er soll den Fremden aushorchen, kann aber selbst nicht viel vertragen und kommt leicht ins Schwatzen. Sie tun der Partei einen großen Gefallen, wenn Sie eilig hingehen und Punsch trinken, um den Bellmaus zu unterstützen. Daß *Sie* fest sind, weiß ich aus alter Zeit.

KORB *eilig*. Ich gehe. – Sie haben doch immer noch Ihre Finten im Kopf. Verlassen Sie sich auf mich, der Fremde soll unterliegen, und die Union soll triumphieren. *Schnell ab.*

Musik schweigt bis zum Ende des Akts.

BOLZ. Armer Schmock! – *An der Tür.* Ah, sie gehen noch durch den Saal, Ida wird angeredet, sie bleibt stehen, Adelheid geht weiter, *Lebhaft.* sie kommt, sie kommt allein?

Adelheid.

ADELHEID *wie an der Tür vorbeigehend, tritt schnell herein. Bolz verbeugt sich.* Conrad! lieber Herr Doktor! *Hält ihm die Hand hin.*

Bolz neigt sich tief auf ihre Hand.

ADELHEID *in freudiger Bewegung.* Ich habe Sie sogleich aus der Ferne erkannt. Zeigen Sie mir Ihr treues Gesicht! Ja, es hat sich wenig verändert. Eine Narbe, etwas mehr Braun, und eine kleine Falte am Mund; – ich hoffe, die ist vom Lachen.

BOLZ. Wenn mir gerade jetzt etwas anderes näher ist als Lachen, so ist das nur eine vorübergehende Bosheit meiner Seele. Ich sehe mich doppelt, wie ein melancholischer Hochländer. Mit Ihnen tritt meine lange glückliche Kinderzeit leibhaftig vor meine Augen; alles, was sie von Freude und Schmerz gebracht, fühle ich so lebhaft wieder, als wäre ich noch der Knabe, der einst für Sie auf Abenteuer in den Wald zog und Rotkehlchen fing. – Und doch ist die schöne Gestalt, welche ich vor mir sehe, von der Gespielin so verschieden, daß ich merke, es ist nur ein holder Traum, den ich träume. – Ihre Augen glänzen so freundlich wie sonst, aber – *Sich leicht verneigend.* ich habe kaum noch das Recht, an alte Träume zu denken.

ADELHEID. Auch ich habe mich vielleicht nicht so verändert, als Sie glauben. – Und wie wir beide auch verwandelt sind, gute Freunde sind wir geblieben, nicht wahr, Herr Doktor?

BOLZ. Bevor ich den kleinsten Teil des Rechtes aufgebe, das ich an Ihrer Teilnahme habe, will ich lieber boshafte Artikel gegen mich selbst schreiben und drucken und verbreiten.

ADELHEID. Und doch sind Sie so stolz geworden, daß Sie Ihre Freundin bis heut noch nicht in der Stadt aufgesucht haben. Warum sind Sie dem Hause des Obersten fremd?

BOLZ. Ich bin ihm nicht fremd. Im Gegenteil, ich habe dort eine sehr achtbare Stellung, welche ich am besten dadurch erhalte, daß ich so wenig als möglich hingehe. Der Oberst und zuweilen auch Fräulein Ida beschwichtigen ihren Unwillen gegen Oldendorf und die Zeitung gern dadurch, daß sie in mir den Übeltäter mit Hörnern und Klauen sehen. Ein so zartes Verhältnis will mit Schonung behandelt sein, ein Teufel darf sich nicht dadurch gemein machen, daß er alle Tage erscheint. ₄₉

ADELHEID. Ich bitte Sie aber jetzt, diese hohe Stellung aufzugeben. Ich bleibe den Winter über in der Stadt, und ich hoffe. Sie werden Ihrer Jugendfreundin zuliebe als ein Bürger dieser Welt bei meinen Freunden auftreten.

BOLZ. In jeder Rolle, welche Sie mir zuteilen.

ADELHEID. Auch in der eines Friedensboten zwischen dem Obersten und Oldendorf?

BOLZ. Wenn der Friede nur dadurch zu erkaufen ist, daß Oldendorf zurücktritt, nein – sonst aber bin ich zu allen guten Werken erbötig.

ADELHEID. Und ich fürchte, daß der Friede gerade nur für diesen Preis zu erkaufen ist. – Sie sehen, Herr Conrad, auch wir sind Gegner geworden.

BOLZ. Etwas gegen Ihren Willen zu tun ist mir entsetzlich, so sehr ich auch Höllensohn bin. – Also meine Heilige wünscht und fordert, daß Oldendorf nicht Deputierter werde.

ADELHEID. Ich wünsche und fordere es, mein Herr Teufel!

BOLZ. Es ist hart. Sie haben in Ihrem Himmel so viele Herren, mit denen Sie Fräulein Ida beschenken können, warum müssen Sie einem armen Teufel gerade seine einzige Seele, den Professor, entführen?

ADELHEID. Gerade den Professor will ich haben, und Sie sollen mir ihn überlassen.

BOLZ. Ich bin in Verzweiflung, ich würde mir die Haare raufen, wenn die Örtlichkeit nicht so ungünstig wäre. Ich fürchte Ihren Unwillen, ich zittere bei dem Gedanken, daß diese Wahl Ihnen unlieb sein könnte.

ADELHEID. So suchen Sie die Wahl zu verhindern!

BOLZ. Das kann ich nicht, aber sobald sie vorüber ist, wird mein Schicksal sein, über Ihren Unwillen zu trauern und schwermütig zu werden. Ich werde mich aus der Welt zurückziehen, weit weg bis zum stillen Nordpol; dort werde ich während dem Rest meiner Tage traurig mit Eisbären Domino spielen oder unter den Robben die ₅₀

Anfänge journalistischer Bildung verbreiten. Das wird leichter zu ertragen sein als ein zürnender Blick Ihrer Augen.

ADELHEID *lachend.* Ja, so waren Sie immer. Sie versprachen alles Mögliche und handelten stets nach Ihrem Kopf. – Bevor Sie aber nach dem Nordpol reisen, versuchen Sie vielleicht noch einmal, mich hier zu versöhnen. – *Kämpe an der Tür sichtbar.* Still – Ich erwarte Ihren Besuch, leben Sie wohl, mein wiedergefundener Freund! –

Ab.

BOLZ. Dort kehrt mir mein guter Engel zürnend den Rücken! – Jetzt bin ich rettungslos dir verfallen, du Hexe Politik! *Schnell ab durch die Mitte.*

Piepenbrink, Frau Piepenbrink, Berta, von Fritz Kleinmichel geführt, Kleinmichel durch die Mitteltür. Quadrille hinter der Szene.

PIEPENBRINK. Gott sei Dank, daß wir aus diesem Gedränge heraus sind.

FRAU PIEPENBRINK. Es ist sehr heiß.

KLEINMICHEL. Und die Musik ist zu laut, es sind zu viel Trompeten dabei, und die Trompeten sind mir zuwider.

PIEPENBRINK. Hier ist ein ruhiger Ort, hier wird hergesetzt.

FRITZ. Berta möchte noch in dem Saal bleiben, könnte ich nicht mit ihr umkehren?

PIEPENBRINK. Ich habe nichts dagegen, daß ihr jungen Leute in den Saal zurückgeht, aber es ist mir lieber, wenn ihr bei uns bleibt. Ich habe gern alle meine Leute beisammen.

FRAU PIEPENBRINK. Bleibe bei deinen Eltern, mein Kind!

PIEPENBRINK. Setzt euch! *Zu seiner Frau.* Du setze dich an die Ecke, Fritz kommt neben mich. Nehmt Berta zwischen euch, Nachbarn, sie wird doch nächstens an euern Tisch kommen.

Setzen sich an den Tisch rechts, an der linken Ecke Frau Piepenbrink, dann er selbst, Fritz, Berta, Kleinmichel.

FRITZ. Wann wird das Nächstens sein, Herr Pate? Sie sagen das schon lange und schieben den Hochzeitstag immer wieder hinaus.

PIEPENBRINK. Das geht dich nichts an.

FRITZ. Ich dächte doch, Herr Pate, ich bin's ja, der Berta heiraten will.

PIEPENBRINK. Das ist was Rechts. Das kann jeder wollen. Aber ich soll sie dir geben, Junge, und das will mehr sagen, denn es wird mir schwer genug, die kleine Bachstelze aus meinem Nest zu lassen. Darum warte. Du sollst sie haben, aber warte!

KLEINMICHEL. Er wird warten, Nachbar!

PIEPENBRINK. Das will ich ihm auch geraten haben. – He! Kellner, Kellner!

FRAU PIEPENBRINK. Was diese Bedienung an solchen Orten schlecht ist!

PIEPENBRINK. Kellner! – *Kellner kommt.* Ich heiße Piepenbrink! – Ich habe sechs Flaschen von meinem Wein mitgebracht. Sie stehen beim Restaurateur, ich will sie herhaben.

Indem der Kellner Flaschen und Gläser herzuholt, treten auf: Bolz, Kämpe an der Tür; der Kellner ab und zu im Hintergrunde.

BOLZ *beiseite zu Kämpe.* Welcher ist es?

KÄMPE. Der uns den Rücken zukehrt, der mit den breiten Schultern.

BOLZ. Und was hat er für eine Art von Geschäft?

KÄMPE. Meist Rotweine.

BOLZ. Gut. *Laut.* Kellner, einen Tisch und zwei Stühle hierher! Eine Flasche Rotwein!

Der Kellner bringt das Geforderte nach dem Vordergrund links.

FRAU PIEPENBRINK. Was wollen die hier?

PIEPENBRINK. Das ist das Unbequeme bei solchen zusammengebetenen Gesellschaften, daß man nirgend allein bleiben kann.

KLEINMICHEL. Es scheinen anständige Herren; ich glaube, den einen habe ich schon gesehen.

PIEPENBRINK *entschieden.* Anständig oder nicht, uns sind sie unbequem.

KLEINMICHEL. Freilich sind sie das.

BOLZ *sich mit Kämpe setzend.* Da säßen wir in Ruhe vor einer Flasche Rotwein, mein Freund. Ich habe kaum den Mut einzuschenken, denn der Wein in solchen Restaurationen ist fast immer abscheulich. Was wird das nur für Zeug sein?

PIEPENBRINK *gereizt.* So? Hört doch!

KÄMPE. Versuchen wir's. *Gießt ein, leise.* Es ist ein P.P. auf dem Siegel, das könnte auch Piepenbrink bedeuten.

PIEPENBRINK. Ich bin doch neugierig, was diese Gelbschnäbel an dem Wein aussetzen werden.

FRAU PIEPENBRINK. Sei ruhig, Philipp, man hört dich drüben.

BOLZ *leise.* Sie haben sicher recht, der Restaurateur nimmt seinen Wein von ihm; deshalb ist er auch hergekommen.

PIEPENBRINK. Sie scheinen keinen Durst zu haben, Sie trinken nicht.

BOLZ *kostet, laut.* Nicht übel!

PIEPENBRINK *ironisch.* So?

BOLZ *kostet wieder.* Ein reiner guter Wein!

PIEPENBRINK *aufatmend.* Der Mensch hat kein schlechtes Urteil.

BOLZ. Aber er ist doch nicht zu vergleichen mit einem ähnlichen Wein, den ich neulich bei einem Freunde getrunken habe.

PIEPENBRINK. So?

BOLZ. Seit der Zeit weiß ich, daß es nur einen Mann in der Stadt gibt, von dem ein gebildeter Weintrinker seine Rotweine holen darf.

KÄMPE. Und der ist?

PIEPENBRINK *ironisch.* Ich bin doch neugierig!

BOLZ. Ein gewisser Piepenbrink.

PIEPENBRINK *zufrieden mit dem Kopfe nickend.* Gut!

KÄMPE. Ja, das Geschäft gilt allgemein für sehr respektabel.

PIEPENBRINK. Die wissen nicht, daß auch ihr Wein aus meinen Kellern ist. Hahaha!

BOLZ *sich zu ihm wendend.* Lachen Sie über uns, mein Herr?

PIEPENBRINK. Hahaha! Nichts für ungut, ich hörte Sie nur über den Wein sprechen. Also Piepenbrinks Wein schmeckt Ihnen besser als dieser da? Hahaha!

BOLZ *mit gelinder Entrüstung.* Mein Herr, ich muß Sie ersuchen, meine Ausdrücke weniger komisch zu finden. Ich kenne den Herrn Piepenbrink nicht, aber ich habe das Vergnügen, seinen Wein zu kennen, und deshalb wiederhole ich die Behauptung, daß Piepenbrink bessern Wein in seinem Keller hat, als dieser hier ist. Warum finden Sie das lächerlich? Sie kennen die Weine von Piepenbrink nicht und haben gar kein Recht zu urteilen.

PIEPENBRINK. Ich kenne Piepenbrinks Weine nicht, ich kenne auch Philipp Piepenbrink nicht, ich habe seine Frau nie gesehen, merkst du, Lotte? Und wenn mir seine Tochter Berta begegnet, so frage ich, wer ist dieser kleine Schwarzkopf? Hahaha, das ist eine lustige Geschichte. Nicht wahr, Kleinmichel?

Lacht.

KLEINMICHEL. Es ist sehr lächerlich!

Lacht.

BOLZ *aufstehend mit Würde.* Mein Herr, ich bin Ihnen fremd und habe Sie nie beleidigt. Sie haben ein ehrenhaftes Aussehen, und ich sehe Sie in Gesellschaft liebenswürdiger Frauen. Deshalb kann ich nicht glauben, daß Sie hergekommen sind, um Fremde zu verhöhnen. Ich fordere also als Mann eine Erklärung von Ihnen, weshalb Sie meine harmlosen Worte so auffallend finden. Wenn Sie ein Feind von Herrn Piepenbrink sind, warum lassen Sie uns das entgelten? 54

PIEPENBRINK *aufstehend.* Nur nicht hitzig, mein Herr! Merken Sie auf. Der Wein, welchen Sie hier trinken, ist auch aus Piepenbrinks Keller, und der Philipp Piepenbrink, dem zuliebe Sie auf mich losgehen, bin ich selbst. Jetzt begreifen Sie, warum ich lache.

BOLZ. Ah! steht die Sache so? Sie sind Herr Piepenbrink selbst? – Nun so freue ich mich aufrichtig, Ihre Bekanntschaft zu machen. Nichts für ungut, verehrter Herr.

PIEPENBRINK. Nein, nichts für ungut. Es ist alles in Ordnung.

BOLZ. Da Sie so freundlich waren, uns Ihren Namen zu nennen, so ist es auch in Ordnung, daß Sie die unsern erfahren. Doktor der Philosophie Bolz und hier mein Freund, Herr Kämpe.

PIEPENBRINK. Freue mich.

BOLZ. Wir sind ziemlich fremd in der Gesellschaft und haben uns in dies Nebenzimmer zurückgezogen, weil man seine Behaglichkeit unter den vielen fremden Gesichtern doch nicht hat. Es würde uns aber sehr leid tun, wenn wir durch unsere Nähe das Amüsement der Damen und die Unterhaltung einer so achtbaren Gesellschaft irgend störten. Sagen Sie geradeheraus, wenn wir Ihnen unbequem sind, wir suchen uns dann einen andern Platz.

PIEPENBRINK. Sie scheinen ein fideler Mann und sind mir durchaus nicht unbequem, mein Herr Doktor Bolz – so war ja wohl der Name?

FRAU PIEPENBRINK. Auch wir sind fremd hier und haben uns eben erst niedergesetzt. – Piepenbrink!

Stößt ihn leise an.

PIEPENBRINK. Wissen Sie was, Herr Doktor, da Sie den gelbgesiegelten aus meinem Keller doch schon kennen und ein sehr verständiges Urteil abgegeben haben, wie wär's, wenn Sie ihn hier noch einmal versuchten? Die Sorte wird Ihnen besser schmecken. Setzen Sie sich zu uns, wenn Sie nichts anderes vorhaben, wir schwatzen dann eins zusammen.

BOLZ *mit Haltung, wie in dieser ganzen Szene, in welcher er wie Kämpe* 55
durchaus nicht zudringlich erscheinen dürfen. Das ist ein sehr

freundliches Anerbieten, und wir nehmen es mit Dank an. Haben Sie die Güte, vortrefflicher Herr, uns mit Ihrer Gesellschaft bekannt zu machen.

PIEPENBRINK. Dies hier ist meine Frau.

BOLZ. Zürnen Sie nicht über unser Eindringen, Madame, wir versprechen recht artig zu sein und so gute Gesellschafter, als zwei schüchternen Junggesellen nur möglich ist.

PIEPENBRINK. Hier meine Tochter!

BOLZ *zu Frau Piepenbrink.* Aus der Ähnlichkeit war das zu erraten.

PIEPENBRINK. Hier Herr Kleinmichel, mein Freund, und hier Fritz Kleinmichel, der Bräutigam meiner Tochter.

BOLZ. Ich wünsche Ihnen Glück, meine Herren, zu einer so holden Nachbarschaft. *Zu Piepenbrink.* Erlauben Sie mir, mich neben die Dame vom Hause zu setzen; Kämpe, ich dächte, Sie nähmen Platz neben dem Herrn Kleinmichel *Setzen sich.* So ist bunte Reihe. – Kellner! *Der Kellner tritt zu ihm.* Zwei Flaschen von diesem hier!

PIEPENBRINK. Halt da! Den Wein finden Sie hier nicht, ich habe meine Sorte mitgebracht, Sie müssen mit mir trinken.

BOLZ. Aber, Herr Piepenbrink –

PIEPENBRINK. Keine Einrede! Sie sollen mit mir trinken. Und wenn ich jemandem sage, er soll mit mir trinken, Herr, so meine ich nicht nippen wie die Frauen, sondern trink aus, schenk ein. Darnach mögen Sie sich richten.

BOLZ. Gut, ich bin's zufrieden. Wir nehmen Ihre Gastfreundschaft so dankbar an, als sie herzlich geboten wird. Aber Sie müssen mir dann erlauben, mich zu revanchieren. Am nächsten Sonntag sind Sie sämtlich meine Gäste, wollen Sie? Sagen Sie ja, mein gütiger Wirt! Punkt sieben Uhr freundschaftliches Abendessen, ich bin unverheiratet, also in einem anständigen ruhigen Hotel. Geben Sie Ihre Einwilligung, verehrte Frau – schlagen Sie ein, Herr Piepenbrink, Sie auch, Herr Kleinmichel und Herr Fritz

Hält allen die Hand hin.

PIEPENBRINK. Wenn's meine Frau zufrieden ist, ich kann mir's wohl gefallen lassen.

BOLZ. Angenommen, abgemacht. Und jetzt die erste Gesundheit: – Der gute Geist, welcher uns heut zusammengeführt hat, er soll leben – *Herumfragend.* wie heißt der Geist?

FRITZ KLEINMICHEL. Der Zufall.

BOLZ. Nein, er trägt eine gelbe Mütze.

PIEPENBRINK. Der Gelbgesiegelte heißt er!

BOLZ. Richtig. Er soll leben! Wir wünschen dem Herrn eine recht lange Dauer, wie die Katze zum Vogel sagte, als sie ihm den Kopf abbiß.

KLEINMICHEL. Wir lassen ihn leben, indem wir ihm den Garaus machen.

BOLZ. Gut bemerkt. Vivat!

PIEPENBRINK. Vivat! *Sie stoßen an. Piepenbrink zu seiner Frau.* Es wird heut noch gut.

FRAU PIEPENBRINK. Es sind sehr bescheidene, nette Leute.

BOLZ. Sie glauben gar nicht, wie froh ich bin, daß unser Glück uns in so gute Nachbarschaft geführt hat. Denn dort drin ist zwar alles sehr hübsch arrangiert –

PIEPENBRINK. Alles, was wahr ist, es ist sehr anständig.

BOLZ. Sehr anständig! Aber diese politische Gesellschaft ist doch nicht nach meinem Geschmack.

PIEPENBRINK. Ach so! Sie gehören wohl nicht zu der Partei, deshalb gefällt es Ihnen nicht.

BOLZ. Das ist es nicht! Aber wenn ich mir denke, diese Leute sind nicht zusammengebeten, damit sie recht von Herzen vergnügt sind, sondern, damit sie nächstens ihre Stimmen dem oder jenem Herrn geben, so werde ich kalt.

PIEPENBRINK. So ist es doch wohl nicht gemeint. Darüber wäre noch zu reden; nicht wahr, Gevatter? 57

KLEINMICHEL. Ich hoffe, es wird hier keine Verpflichtung unterschrieben.

BOLZ. Vielleicht auch nicht. Ich habe keine Stimme abzugeben, und ich lobe mir eine Gesellschaft, wo man an nichts anderes denkt, als sich mit seinem Nachbar zu freuen und aufmerksam zu sein gegen die Königinnen der Gesellschaft, gegen holde Frauen! Stoßen Sie an, meine Herren, auf das Wohl der Frauen, der beiden, welche unsern Kreis schmücken.

Alle stoßen an.

PIEPENBRINK. Komm her, Lotte, du sollst leben!

BOLZ. Mein Fräulein, erlauben Sie einem Fremden, auf das Glück Ihrer Zukunft anzustoßen.

PIEPENBRINK. Was wird denn eigentlich da drin noch vorgenommen?

FRITZ KLEINMICHEL. Ich höre, bei Tische wird man Reden halten, und der Wahlkandidat, der Oberst Berg, soll vorgestellt werden.

PIEPENBRINK. Ein sehr respektabler Herr!

KLEINMICHEL. Ja, es ist eine gute Wahl, welche die Herren vom Komitee getroffen haben.

Adelheid.

ADELHEID *im Hintergrunde dann gleichgültig eintretend.* Hier sitzt er? Was ist das für eine Gesellschaft?

KÄMPE. Man erzählt, der Professor Oldendorf hat große Aussicht, gewählt zu werden. Es sollen viele sein, die für ihn stimmen werden.

PIEPENBRINK. Ich sage nichts gegen ihn, aber für meinen Geschmack ist er zu jung.

Senden, später Blumenberg und Gäste.

SENDEN *im Hintergrunde.* Sie hier, mein Fräulein?

ADELHEID. Ich amüsiere mich, diese drolligen Leute zu beobachten. Sie tun, als wäre die übrige Gesellschaft nicht auf der Welt.

SENDEN. Was seh ich? Da sitzt ja die Union selbst und bei einer der wichtigsten Personen des Festes!

BOLZ *der sich unterdes mit Frau Piepenbrink unterhalten, aber mit Aufmerksamkeit zugehört hat, zu Frau Piepenbrink.* Ah, sehen Sie, die Herren können es doch nicht lassen, von Politik zu sprechen. Erwähnten Sie nicht den Professor Oldendorf?

PIEPENBRINK. Ja, mein lustiger Herr Doktor, so gelegentlich.

BOLZ. Wenn Sie von dem sprechen, so bitte ich herzlich, reden Sie Gutes von ihm, denn er ist der beste, edelste Mensch, den ich kenne.

PIEPENBRINK. So? Sie kennen ihn?

KLEINMICHEL. Sie sind wohl einer seiner Freunde?

BOLZ. Mehr als das. Wenn heut der Professor zu mir sagt: Bolz, es ist mir nützlich, wenn du ins Wasser springst, ich müßte hineinspringen, so unangenehm mir auch gerade jetzt wäre, im Wasser zu ertrinken.

PIEPENBRINK. Oho, das ist stark!

BOLZ. Ich habe in dieser Gesellschaft kein Recht, über Wahlkandidaten mitzusprechen. Aber wenn ich einen Abgeordneten zu wählen hätte, er müßte es werden, er zuerst.

PIEPENBRINK. Sie sind ja sehr für den Mann eingenommen?

BOLZ. Seine politischen Ansichten kümmern mich hier nicht. Aber was verlange ich von einem Deputierten? Daß er ein Mann ist! Daß er ein warmes Herz hat und ein sicheres Urteil und ohne Schwanken und Umherfragen weiß, was gut und recht ist; und dann, daß er auch die Kraft hat, zu tun, was er für Recht erkennt, ohne Zaudern, ohne Bedenken.

PIEPENBRINK. Bravo!

KLEINMICHEL. Aber so ein Mann soll der Oberst auch sein.

BOLZ. Möglich, daß er so ist, ich weiß es nicht; von Oldendorf aber weiß ich's. Ich habe ihm recht ins Herz hinein gesehen, bei einer kleinen Unannehmlichkeit, die mir widerfuhr. Ich war einmal gerade im Begriff, zu Pulver zu verbrennen, da hatte er die Aufmerksamkeit, das zu verhindern. Ihm verdanke ich, daß ich hier sitze, er hat mir das Leben gerettet.

SENDEN. Er lügt abscheulich!

Will vor.

ADELHEID *ihn zurückhaltend.* Still! Ich glaube, an der Geschichte ist etwas Wahres.

PIEPENBRINK. Na, daß er Ihnen das Leben gerettet hat, war recht schön; indes, dergleichen kommt oft vor.

FRAU PIEPENBRINK. Erzählen Sie doch, Herr Doktor.

BOLZ. Die kleine Begebenheit ist wie hundert andere, und sie wäre mir gar nicht interessant, wenn ich sie nicht selbst erlebt hätte. Denken Sie sich ein altes Haus, ich bin Student und wohne darin drei Treppen hoch. In dem Hause mir gegenüber wohnt ein junger Gelehrter, wir kennen einander nicht. Mitten in einer Mitternacht weckt mich ein wüster Lärm und ein merkwürdiges Knistern unter mir. Wenn das Mäuse waren, so mußten sie einen Fackeltanz aufführen, denn meine Stube war hell erleuchtet. Ich springe an das Fenster, da schlägt die helle Flamme aus dem Stockwerk unter mir bis zu mir herauf, meine Fensterscheiben springen um meinen Kopf herum, und ein nichtswürdiger Qualm dringt auf mich ein. Weil es unter diesen Umständen ungemütlich wurde, sich zum Fenster hinauszulegen, so laufe ich an die Tür und öffne. Auch die Treppe kann die Gemeinheit nicht verleugnen, welche altem Holz eigen ist, sie brennt in heller Flamme. Drei Treppen hoch und kein Ausweg, ich gab mich verloren! – Halb besinnungslos stürzte ich zum Fenster zurück, ich hörte, daß man auf der Straße rief: Ein Mensch, ein Mensch! Die Leiter her! – Eine Leiter wurde angelegt, sie fing im Nu an zu rauchen und zu brennen, wie Zunder, sie wurde weggerissen. Da rauschten die Wasserstrahlen aller Spritzen in die Flamme unter mir, ich hörte deutlich, wie jeder einzelne Strahl auf der glühenden Mauer anschlug. Eine neue Leiter wurde angelegt, es war unten totenstill, und Sie können denken, daß auch ich keine Lust hatte, in meinem feurigen Ofen Spektakel zu machen. Unten riefen die Leute: »es geht nicht«, da klang eine volle Stimme durch: »höher die Leiter« – sehen Sie, ich wußte auf der Stelle, daß dies die Stimme meines Retters war. »Schnell«, riefen die Leute unten. Da drang eine neue Dampfwolke in die Stube, ich hatte genug von dem dicken Rauche verschluckt und legte mich am Fenster auf den Fußboden.

FRAU PIEPENBRINK. Armer Herr Doktor!

PIEPENBRINK *eifrig.* Weiter!

Senden will voreilen.

ADELHEID *ihn zurückhaltend.* Bitte, lassen Sie ihn ausreden, die Geschichte ist wahr!

BOLZ. Da faßt mich eine Menschenhand am Genick, ein Seil wird mir unter die Arme geschlungen, und eine kräftige Faust hebt mich vom Boden. Im Augenblick darauf war ich auf der Leiter, halb gezogen, halb getragen, mit brennendem Hemd und ohne Bewußtsein kam ich auf dem Steinpflaster an. – Ich erwachte in dem Zimmer des jungen Gelehrten. Außer einigen kleinen Brandwunden hatte ich nichts in die neue Wohnung herübergebracht. Alle meine Habe war verbrannt. Der fremde Mann pflegte mich und sorgte für mich wie ein Bruder für den andern. – Erst als ich wieder ausgehen konnte, erfuhr ich, daß dieser Gelehrte, der mich bei sich aufgenommen hatte, derselbe Mann war, der mir in jener Nacht auf der Leiter seinen Besuch gemacht hatte. – Sehen Sie, der Mann hat das Herz auf dem rechten Fleck, und deshalb wünsche ich ihm, daß er jetzt Deputierter werde, und deshalb könnte ich für ihn tun, was ich für mich selbst nicht täte; ich könnte für ihn werben, intrigieren und ehrliche Leute zum besten haben. – Dieser Mann ist der Professor Oldendorf.

PIEPENBRINK. Das ist ja ein unbändig ehrenwerter Mann. *Aufstehend.* Er soll leben, hoch!

Alle stehen auf und stoßen an.

BOLZ *sich gegen alle freundlich verneigend, zu Frau Piepenbrink.* Ich sehe warme Teilnahme in Ihren Augen glänzen, edle Frau, ich danke Ihnen dafür! – Herr Piepenbrink, ich bitte um die Erlaubnis, Ihnen die Hand zu schütteln. Sie sind ein braver Mann. *Klopft ihn auf den Rücken, umarmt ihn.* Geben Sie mir Ihre Hand, Herr Kleinmichel! *Umarmt ihn.* Sie auch, Herr Fritz Kleinmichel! Möge Ihnen nie ein Kind im Feuer sitzen, wenn es aber darinsitzt, immer ein wackerer

49

Mann bei der Hand sein, der es herausholt; kommen Sie näher, ich muß Sie auch umarmen.

FRAU PIEPENBRINK *gerührt.* Piepenbrink, wir haben morgen Kalbsbraten. Was meinst du? *Spricht leise mit ihm.*

ADELHEID. Er wird sehr übermütig!

SENDEN. Er ist unerträglich, ich sehe, daß Sie empört sind wie ich. Er fängt uns die Leute, es ist nicht länger zu dulden.

BOLZ *der um den Tisch gegangen war, zurückkehrend, vor Frau Piepenbrink stehenbleibend.* Es ist eigentlich Unrecht, hier stillzuhalten. Herr Piepenbrink, Hausherr, ich frage an, ich bitte um die Erlaubnis, die Hand oder den Mund.

ADELHEID *ängstlich auf der Seite rechts nach vorn.* Er küßt sie wahrhaftig!

PIEPENBRINK. Nur zu, alter Bursch, Courage!

FRAU PIEPENBRINK. Piepenbrink, ich erkenne dich nicht wieder!

ADELHEID *geht in dem Augenblick, wo Bolz Frau Piepenbrink küssen will, wie zufällig bei ihnen vorbei, quer über die Bühne, und hält ihren Ballstrauß zwischen Bolz und Frau Piepenbrink, leise, schnell zu Bolz.* Sie gehen zu weit, Sie sind beobachtet. *Von links nach dem Hintergrund und ab.*

BOLZ. Eine Fee interveniert!

SENDEN *der schon vorher einige andere Gäste, unter ihnen Blumenberg, haranguiert hat, in demselben Augenblick geräuschvoll vor, zu der Tischgesellschaft.* Er ist anmaßend, er hat sich eingedrängt!

PIEPENBRINK *mit der Hand aufschlagend und sich erhebend.* Oho! das wäre mir was! Wenn ich meine Frau küsse oder küssen lasse, so geht das niemanden etwas an. Niemanden! Kein Mann und kein Weib und keine Fee hat das Recht, ihr die Hand vor den Mund zu legen.

BOLZ. Sehr richtig! Ausgezeichnet, hört, hört!

SENDEN. Verehrter Herr Piepenbrink! Nichts gegen Sie, die Gesellschaft ist sehr erfreut, Sie an diesem Orte zu sehen. Nur Herrn Bolz wollen wir bemerken, daß seine Gegenwart hier Aufsehen erregt. Er hat so entschieden andere politische Grundsätze, daß wir sein Erscheinen bei diesem Fest als ein unpassendes Eindrängen betrachten müssen.

BOLZ. Ich hätte andere politische Grundsätze? Ich kenne in Gesellschaft keinen andern politischen Grundsatz als den einen, mit braven Leuten zu trinken und mit solchen, die ich nicht für brav halte, nicht zu trinken. Mit Ihnen, mein Herr, habe ich nicht getrunken!

PIEPENBRINK *auf den Tisch schlagend.* Das war gut gegeben!

SENDEN *hitzig.* Sie haben sich hier eingedrängt!

BOLZ *entrüstet.* Eingedrängt?

PIEPENBRINK. Eingedrängt? Alter Junge, Ihr habt doch eine Eintritts-karte?

BOLZ *mit großer Biederkeit.* Hier ist meine Karte! Nicht Ihnen zeige ich sie, sondern diesem Ehrenmanne, mit welchem Sie mich durch Ihren Überfall in Unfrieden bringen wollen. – Kämpe, geben Sie Ihre Karte Herrn Piepenbrink! Er ist der Mann, über alle Karten der Welt zu urteilen.

PIEPENBRINK. Das sind zwei Karten, die ebenso richtig sind als meine. Ihr habt sie ja allenthalben ausgetragen wie sauren Most. – Hoho! ich sehe wohl, wie die Sache steht. Ich gehöre auch nicht zu Eurer Geschichte, mich aber wollt Ihr haben. Deshalb seid Ihr mir zwei- oder dreimal ins Haus gelaufen, weil Ihr dachtet, mich zu kapern. Weil ich Wahlmann bin, deshalb liegt Euch an mir; aber dieser Eh-renmann ist kein Wahlmann, an dem liegt Euch nichts. Solche Schliche kennen wir!

SENDEN. Aber, Herr Piepenbrink!

PIEPENBRINK *ihn unterbrechend, heftiger.* Ist es recht, deshalb einen ruhigen Gast zu beleidigen? Ist es recht, meiner Frau den Mund zu-zuhalten? Das ist eine Ungerechtigkeit gegen diesen Mann, und er soll jetzt hierbleiben, so gut wie ich! Und neben mir soll er hierblei-ben. Und wer sich untersteht, ihn anzugreifen, der hat es mit mir zu tun!

BOLZ. Eure Faust, braver Herr! Ihr seid ein treuer Kamerad! So Hand in Hand mit dir, trotz ich dem Capulet und seiner ganzen Sippschaft.

PIEPENBRINK. Mit dir! Hast recht, alter Junge. Komm her, sie sollen sich ärgern, daß sie bersten. Auf du und du!

Trinken Brüderschaft.

BOLZ. Vivat Piepenbrink!

PIEPENBRINK. So, altes Haus! Und weißt du was? Weil wir so gemüt-lich beisammen sind, so denke ich, wir lassen diese hier machen, was sie wollen, und Ihr alle kommt zu mir nach Hause, dort braue ich eine Bowle, und wir sitzen lustig zusammen wie die Stare. Ich führe dich, Ihr andern geht voraus.

SENDEN *und Gäste.* Aber hören Sie doch, verehrter Herr Piepenbrink!

PIEPENBRINK. Nichts will ich hören, abgemacht!

Bellmaus, noch mehr Gäste.

BELLMAUS *eilig durch den Haufen.* Hier bin ich!

BOLZ. Mein Neffe! Holde Madame, ich stelle diesen unter Ihren Schutz! Neffe, du führst Madame Piepenbrink. *Frau Piepenbrink faßt Bellmaus kräftig unter den Arm und hält ihn fest. Polka hinter der Szene.* Lebt wohl, Ihr Herren, Ihr seid nicht imstande, uns die Laune zu verder- 64 ben. Dort beginnt die Musik. Wir marschieren im Festzuge ab, und noch einmal ruf ich zum Schlusse: Vivat Piepenbrink!

DIE ABZIEHENDEN. Vivat Piepenbrink! *Marschieren im Triumph ab. Fritz Kleinmichel mit seiner Braut, Kämpe mit Kleinmichel, Frau Piepenbrink mit Bellmaus, zuletzt Bolz mit Piepenbrink.*

Oberst.

OBERST. Was geht hier vor?

SENDEN. Ein nichtswürdiger Skandal! Die Union hat uns die beiden wichtigsten Wahlmänner entführt!

Der Vorhang fällt. 65

52

Dritter Akt

Gartensaal des Obersten.
Der Oberst im Vordergrund mit starken Schritten auf- und abgehend. Im Hintergrunde Adelheid und Ida Arm in Arm, letztere in lebhafter Bewegung. Kurze Pause. Darauf Senden.

SENDEN *eilig zur Mitteltür hereinrufend.* Es geht gut! 37 Stimmen gegen 29.

OBERST. Wer hat 37 Stimmen?

SENDEN. Natürlich Sie, Herr Oberst!

OBERST. Natürlich! *Senden ab.* – Der Wahltag ist unerträglich! In keiner Affäre meines Lebens habe ich dieses Gefühl von Angst gehabt! Es ist ein nichtswürdiges Kanonenfieber, das sich für keinen Fähnrich schickt! Und es ist lange her, daß ich Fähnrich war. *Aufstampfend.* Verdammt! *Geht nach dem Hintergrunde.*

IDA *mit Adelheid in den Vordergrund tretend.* Diese Ungewißheit ist schrecklich! Nur eines weiß ich sicher, ich werde unglücklich, wie diese Wahl auch ausfällt. *Lehnt sich an Adelheid.*

ADELHEID. Mut, Mut! mein kleines Mädchen, es kann noch alles gut werden. Verbirg deine Angst dem Vater, er ist ohnedies in einer Stimmung, die mir nicht gefällt.

Blumenberg eilig, an der Tür, der Oberst ihm entgegen.

OBERST. Nun, mein Herr, wie steht's?

BLUMENBERG. 41 Stimmen für Sie, Herr Oberst, 34 für unsern Gegner, drei Stimmen sind auf andere gefallen. Die Stimmen werden jetzt sehr einzeln zu Protokoll gegeben, aber die Differenz zu Ihren Gunsten bleibt so ziemlich dieselbe. Noch 8 Stimmen für Sie, Herr Oberst, und der Sieg ist erfochten. Es ist jetzt die höchste Wahrscheinlichkeit, daß wir siegen. Ich eile zurück, die Entscheidung naht. Ich empfehle mich den Damen.

Ab.

OBERST. Ida!

Ida eilt zu ihm.

OBERST. Bist du meine gute Tochter?

IDA. Mein lieber Vater!

OBERST. Ich weiß, was dich ängstigt, mein Kind. Du bist am schlimmsten daran. Tröste dich, Ida, wenn, wie es den Anschein hat, der junge Herr von der Feder dem alten Soldaten das Feld räumen muß, dann wollen wir weiterreden. Oldendorf hat es nicht um mich verdient, es ist vieles an ihm, was mich ärgert. Aber du bist mein einziges Kind, ich werde nur daran denken! – Jetzt gilt es zuerst den Trotz des Jungen brechen!

Läßt Ida los, geht wieder auf und ab.

ADELHEID *im Vordergrunde für sich.* Ah, der Barometer ist gestiegen, die Sonne der Gnade bricht durch die Wolken. Wenn nur alles vorbei wäre, solche Aufregung ist ansteckend. *Zu Ida.* Du siehst, es ist noch nicht nötig, daß du ins Kloster gehst.

IDA. Wenn aber Oldendorf unterliegt, wie wird er das tragen?

ADELHEID *die Achseln zuckend.* Er verliert einen Sitz in einer unge-mütlichen Gesellschaft und gewinnt dafür eine kleine amüsante Frau. Ich dächte, er könnte zufrieden sein. In jedem Falle wird er Gelegen-heit haben, seine Reden zu halten. Ob er sie nun in *der* oder in *der* Kammer hält! Ich glaube, du wirst ihm andächtiger zuhören als jeder andere Abgeordnete.

IDA *schüchtern.* Aber, Adelheid, wenn es nun besser für das Land wäre, wenn Oldendorf gewählt würde?

ADELHEID. Ja, mein Schatz, da ist dem Lande nicht zu helfen. Unser Staat und die übrigen Länder in Europa müssen zusehen, wie sie ohne den Professor zurechtkommen; du bist dir selbst die Nächste, du willst ihn heiraten, du gehst vor! *Karl.* Was bringen Sie, Karl?

KARL. Herr v. Senden läßt sich empfehlen und melden: 47 zu 42, der Wahlkommissar habe ihm bereits gratuliert.

OBERST. Gratuliert? – Halt meine Uniform bereit, laß dir den Schlüssel zum Weinkeller geben, und richte vor, es ist möglich, daß wir heut abend Besuch erhalten.

KARL. Zu Befehl, Herr Oberst.

Ab.

OBERST *für sich, im Vordergrunde.* Nun, junger Herr Professor? Mein Stil gefällt Ihnen nicht! Es mag sein, – ich gebe zu, daß Sie ein bes-serer Journalist sind; hier aber, wo es Ernst gilt, sollen Sie doch einmal nicht recht behalten! – *Pause.* Vielleicht wird es nötig, daß ich heut abend einige Worte rede. Vor meinem Regiment hatte ich doch den Ruf, daß ich immer treffend zu sprechen wußte, aber bei diesen

Manövern im Zivilrock fühle ich mich unsicher. Überlegen wir! Es wird schicklich sein, daß ich in meiner Rede auch Oldendorf erwähne, natürlich mit Achtung und Anerkennung. Jawohl, das muß ich tun. Er ist ein redlicher Mann von vortrefflichem Herzen und ein Gelehrter von gutem Urteil. Und er kann sehr liebenswürdig sein, wenn man von seinen politischen Theorien absieht. Wir haben glückliche Abende miteinander verlebt. Und wenn wir so zusammensaßen bei meinem dicken Teekessel und der ehrliche Junge anfing, seine Geschichten zu erzählen, da hingen Idas Augen an seinem Gesicht und glänzten vor Vergnügen, und ich glaube, meine alten Augen auch. Es waren prächtige Abende! Warum sind sie nicht mehr? Bah, sie werden wiederkommen. Er wird seine Niederlage still tragen, wie es seine Art ist, eine gute, wohltuende Art! Keine Empfindlichkeit in ihm! Er ist doch im Grunde ein vortrefflicher Mensch, und Ida und ich, wir würden glücklich mit ihm sein. – Und deshalb, meine Herren Wähler – Aber Donnerwetter! Das alles kann ich doch nicht den Wählern sagen. – Ich werde sagen –

Senden.

SENDEN *aufgeregt eintretend.* Schändlich! schändlich! Alles ist verloren!
OBERST. Ha! *Steht sogleich in militärischer Fassung.*
IDA. Meine Ahnung! – Mein Vater! *Eilt zu ihm.*
ADELHEID. O weh!
SENDEN. Es stand vortrefflich. Wir hatten 47, die Gegner 42 Stimmen, 8 Stimmen waren noch nicht abgegeben, nur zwei davon für uns, und der Tag war unser. Die Stunde war gekommen, wo nach dem Gesetz das Protokoll geschlossen werden muß. Alles sah nach der Uhr und rief nach den säumigen Wahlmännern. Da polterte es auf dem Vorsaal; ein Haufe von acht Personen drang geräuschvoll in den Saal, an ihrer Spitze der grobe Weinhändler Piepenbrink, derselbe, welcher neulich bei dem Fest –
ADELHEID. Wir wissen, erzählen Sie weiter –
SENDEN. Einer nach dem andern aus der Gesellschaft trat vor, gab seine Stimme, und »Professor Eduard Oldendorf« kam aus jedem Munde. – Der letzte war dieser Piepenbrink. Bevor er die Stimme abgab, frug er seinen Nachbar: Hat's der Professor sicher? – Ja, war die Antwort. Und ich wähle als letzter Wahlmann zum Deputierten –

Hält inne.

ADELHEID. Den Professor?

SENDEN. Nein. Einen sehr gescheiten und pfiffigen Politikus, wie er sagte. Den Dr. Conrad Bolz – und damit drehte er kurz um, und ihm folgten seine Spießgesellen.

ADELHEID *beiseite lächelnd.* Ah!

SENDEN. Oldendorf ist Abgeordneter durch ein Mehr von zwei Stimmen.

OBERST. Ei!

SENDEN. Es ist schändlich! Niemand ist an diesem Ausfall schuld als diese Journalisten von der Union. Das war ein Laufen, ein Intrigieren, ein Händeschütteln mit allen Wahlmännern; ein Lobpreisen dieses Oldendorf und ein Achselzucken über uns und über Sie, verehrter Herr!

OBERST. So?

IDA. Das Letzte ist nicht wahr.

ADELHEID *zu Senden.* Sein Sie anständig und schonen Sie hier.

OBERST. Du zitterst, meine Tochter. – Du bist ein Weib und läßt dich von solchen Kleinigkeiten zu sehr angreifen. – Ich will nicht, daß du diese Nachrichten länger anhörst. Geh, mein Kind! – Dein Freund hat ja gesiegt, für dich ist kein Grund zu weinen! Helfen Sie, Fräulein!

IDA *wird von Adelheid bis zur Seitentür links geführt, bittend.* Laß mich, bleibe beim Vater!

SENDEN. Der schlechte Geist und der Übermut, mit welchem diese Zeitung redigiert wird, ist auf Ehre nicht länger zu ertragen. – Oberst, da wir allein sind – denn Fräulein Adelheid wird mir erlauben, sie zu den Unsrigen zu rechnen – wir haben die Möglichkeit, uns glänzend zu rächen; sie haben ihr Wesen am längsten getrieben. Ich habe bereits vor längerer Zeit den Eigentümer der Union sondieren lassen. Er ist nicht abgeneigt, die Zeitung zu verkaufen, und hat nur noch sein Bedenken über die sogenannte Partei, welche das Blatt gegenwärtig in Händen hat. An dem Ressourceabend habe ich selbst mit ihm gesprochen.

ADELHEID. Was hör ich?

SENDEN. Dieser Ausfall der Wahl wird bei allen unsern Freunden die größte Erbitterung hervorrufen, und ich zweifle nicht, daß wir in wenigen Tagen durch Aktienzeichnung die Kaufsumme zusammenbringen. Das wäre ein tödlicher Schlag für unsere Gegner, ein Triumph der guten Sache. Das gelesenste Blatt der Provinz in unserer Hand, redigiert durch ein Komitee –

ADELHEID. Dem Herr v. Senden seine Hilfe nicht versagen würde.

SENDEN. Es wäre meine Pflicht, mich dabei zu beteiligen. – Herr Oberst, wenn Sie mit unterzeichnen wollten, Ihr Beispiel würde den Kauf im Augenblick sichern.

OBERST. Mein Herr, was Sie zum Besten Ihrer politischen Tendenzen tun, das mögen Sie tun. Der Professor Oldendorf ist aber in meinem Hause ein gern gesehener Gast gewesen, ich werde nie hinter seinem Rücken gegen ihn arbeiten. – Sie hätten mir diese Stunde erspart, wenn Sie mich nicht früher durch Ihre Versicherungen über die Stimmung der Majorität getäuscht hätten. Indes zürne ich Ihnen nicht, Sie haben in bester Meinung gehandelt, ich bin davon überzeugt. – Ich bitte die Anwesenden um Entschuldigung, wenn ich mich für heut zurückziehe, ich hoffe Sie morgen wiederzusehen, lieber Senden.

SENDEN. Unterdes werde ich die Subskription für Ankauf der Zeitung vorbereiten. Ich empfehle mich Ihnen.

Ab.

OBERST. Verzeihen Sie, liebe Adelheid, daß ich Sie allein lasse, ich wünsche einige Briefe zu schreiben, und *Mit gezwungenem Lachen.* – meine Zeitungen zu lesen.

ADELHEID *teilnehmend.* Darf ich Ihnen nicht gerade jetzt Gesellschaft leisten?

OBERST *mit Anstrengung.* Mir ist jetzt besser allein. *Ab durch die Mitteltür.*

ADELHEID *allein.* Mein armer Oberst! Die gekränkte Eitelkeit arbeitet heftig in seiner treuen Seele! – Und Ida? *Öffnet leise die Tür links, bleibt stehen.* Sie schreibt! Es ist nicht schwer zu raten, an wen. *Schließt die Tür.* – Und all das Unheil hat der böse Geist Journalismus angerichtet. Alle Welt klagt über ihn, und jedermann möchte ihn für sich benutzen. Mein Oberst hat so lange die Zeitungsschreiber verachtet, bis er selbst einer geworden ist, und Senden läßt keine Gelegenheit vorüber, auf meine guten Freunde von der Feder zu schelten, nur um selbst an ihre Stelle zu treten. Ich sehe kommen, daß Piepenbrink und ich auch noch Journalisten werden und zusammen ein kleines Blatt unter dem Titel »Der unartige Bolz« herausgeben. – Also die Union ist in Gefahr, heimlich verkauft zu werden? Dem Conrad wäre das recht heilsam, er müßte dann auch an andere Dinge denken als an die Zeitung. Ach, der Schelm würde sogleich eine neue anfangen. –

Oldendorf, Karl, dann Ida.

OLDENDORF *noch außerhalb des Saals.* Und der Herr Oberst ist nicht zu sprechen?

KARL. Für niemand, Herr Professor.

Ab.

ADELHEID *Oldendorf entgegen.* Lieber Professor, es ist nicht gut, daß Sie gerade jetzt kommen. Wir sind sehr gekränkt und unzufrieden mit der Welt, ganz besonders aber mit Ihnen.

OLDENDORF. Ich fürchte das, aber ich muß ihn sprechen.

IDA *aus der Tür links ihm entgegen.* Eduard! ich wußte, daß Sie kommen würden.

OLDENDORF. Meine liebe Ida!

Umarmt sie.

IDA *an seinem Halse.* Und was soll jetzt aus uns werden?

Oberst.

OBERST *der durch die Mitteltür eingetreten, mit gezwungener Ruhe.* Du sollst darüber nicht in Ungewißheit bleiben, meine Tochter! – Sie, Herr Professor, bitte ich zu vergessen, daß Sie in diesem Hause einst Freundschaft gefunden haben; von dir fordre ich, daß du nicht mehr an die Stunden denkst, wo dich dieser Herr von seinen Gefühlen unterhalten hat. – *Heftiger.* Still, in meinem Hause wenigstens ertrage ich von einem Journalisten keine Angriffe. Vergiß ihn, oder vergiß, daß du meine Tochter bist. Hinein! *Führt Ida ohne Härte ab nach links, stellt sich vor die Tür.* Auf diesem Posten, mein Herr Redakteur und Abgeordneter, vor dem Herzen meines Kindes sollen Sie mich nicht schlagen. *Ab nach links.*

ADELHEID *beiseite.* O weh, das ist arg!

OLDENDORF *bevor der Oberst sich zum Abgang wendet, entschlossen.* Herr Oberst, es ist unedel, mir jetzt eine Unterredung zu verweigern! *Geht auf die Tür zu.*

ADELHEID *ihm schnell in den Weg tretend.* Halt, nicht weiter! Er ist in einer Aufregung, wo jedes Wort Unheil stiften würde! – Gehen Sie aber nicht so von uns, Herr Professor, schenken Sie mir noch einige Augenblicke.

OLDENDORF. Ich muß in dieser Stimmung Ihre Nachsicht erbitten. Lange habe ich eine ähnliche Szene gefürchtet, und fühle jetzt doch kaum die Kraft, meine Fassung zu bewahren.

ADELHEID. Sie kennen unsern Freund und wissen, daß sein lebhaftes Gefühl ihn zu Übereilungen hinreißt, die er wiedergutzumachen eilt.

OLDENDORF. Das war schlimmer als eine Laune. Es ist ein Bruch zwischen uns beiden – ein Bruch, der mir unheilbar scheint.

ADELHEID. Unheilbar, Herr Professor? Ist Ihr Gefühl für Ida, wie ich annehme, so ist die Heilung nicht schwer. Wäre es nicht an Ihnen, den Wünschen des Vaters noch jetzt, gerade jetzt nachzugeben? Verdient nicht das Weib, welches Sie lieben, daß Sie Ihren Ehrgeiz wenigstens einmal zum Opfer bringen?

OLDENDORF. Meinen Ehrgeiz, ja, meine Pflicht nicht.

ADELHEID. Ihr eigenes Glück, Herr Professor, scheint mir für lange, vielleicht für immer zerstört, wenn Sie von Ida auf solche Weise getrennt werden.

OLDENDORF *finster*. Nicht jeder kann in seinem Privatleben glücklich werden.

ADELHEID. Diese Resignation gefällt mir gar nicht, am wenigsten an einem Mann; verzeihen Sie, daß ich das gerade heraussage. *Gutmütig.* Ist das Unglück denn so groß, wenn Sie einige Jahre später oder niemals Vertreter dieser Stadt werden?

OLDENDORF. Mein Fräulein, ich bin nicht eingebildet, ich schlage meine Kraft nicht eben hoch an, und soweit ich mich kenne, verbirgt sich kein ehrgeiziger Drang auf dem Grund meiner Seele. Es ist möglich, daß, wie jetzt Sie, auch eine spätere Zeit unsern politischen Hader, unsere Parteibestrebungen und was damit zusammenhängt, sehr niedrig schätzen wird. Es ist möglich, daß unser ganzes Arbeiten resultatlos bleibt, es ist möglich, daß alles Gute, was wir ersehnen, sich, wenn es erreicht ist, in das Gegenteil verkehrt, ja, es ist höchst wahrscheinlich, daß mein eigener Anteil an dem Kampfe oft peinlich, unerquicklich und durchaus nicht das sein wird, was man eine dankbare Tätigkeit nennt; aber das alles darf mich nicht abhalten, dem Kampf und Ringen der Zeit, welcher ich angehöre, mein Leben hinzugeben; denn es ist trotz alledem dieser Kampf das Höchste und Edelste, was die Gegenwart hervorbringt. Nicht jede Zeit erlaubt ihren Söhnen Resultate zu erobern, welche für alle Zeit groß bleiben, und ich wiederhole es, nicht jedes Jahrhundert ist geeignet, die Menschen, welche darin leben, stattlich und glücklich zu machen.

ADELHEID. Ich denke, jede Zeit ist dazu geeignet, wenn die einzelnen Menschen nur verstehen wollen, tüchtig und glücklich zu werden. *Aufstehend.* Sie, Herr Professor, wollen für das kleine Hausglück Ihres Lebens nichts tun, Sie zwingen Ihre Freunde, für Sie zu handeln.

OLDENDORF. Zürnen Sie wenigstens so wenig als möglich, und sprechen Sie für mich bei Ida.

ADELHEID. Ich werde versuchen, mit meinem Frauenverstand Ihnen zu nützen, mein Herr Staatsmann.

Oldendorf ab.

ADELHEID *allein.* Das also ist einer von den Edlen, Hochgebildeten, von den freien Geistern deutscher Nation? Sehr tugendhaft und außerordentlich vernünftig! Er klettert auch aus reinem Pflichtgefühl ins Feuer! Aber etwas zu erobern, die Welt, das Glück oder gar eine Frau, dazu ist er doch nicht gemacht.

Karl.

KARL *meldend.* Herr Doktor Bolz!

ADELHEID. Ah! – Der wenigstens wird kein solcher Tugendheld sein! – Wo ist der Herr Oberst?

KARL. Im Zimmer des gnädigen Fräuleins.

ADELHEID. Führen Sie den Herrn hier herein. – *Karl ab.* Ich fühle einige Verlegenheit, Sie wiederzusehen, Herr Bolz, ich will mir Mühe geben, Ihnen das nicht zu zeigen.

Bolz.

BOLZ. Soeben verläßt Sie eine arme Seele, die vergebens nach ihrer Philosophie sucht, um sich zu trösten; auch ich komme als Unglücklicher, denn ich habe gestern Ihr Mißfallen erregt, und ohne Ihre Gegenwart, welche eine mutwillige Szene abkürzte, würde mir Herr v. Senden im Interesse des gesellschaftlichen Anstandes wohl noch ärger mitgespielt haben. Ich danke Ihnen für die Erinnerung, welche Sie mir gaben; ich nehme sie als Beweis, daß Sie mir Ihre freundschaftliche Teilnahme nicht entziehen wollen.

ADELHEID *beiseite.* Sehr artig, sehr diplomatisch! – Es ist freundlich von Ihnen, daß Sie mein auffallendes Benehmen so gut deuten. – Aber verzeihen Sie noch eine dreiste Einmischung. Jene Szene mit Herrn v. Senden wird doch nicht die Veranlassung zu einer neuen werden?

BOLZ *beiseite.* Immer dieser Senden! – Ihr Interesse an ihm soll für mich ein Grund sein, weitere Folgen zu verhüten. Ich glaube, daß ich es vermag.

ADELHEID. Ich danke Ihnen. Und jetzt lassen Sie sich sagen, daß Sie ein gefährlicher Diplomat sind. Sie haben hier im Hause eine vollständige Niederlage angerichtet. – An diesem trüben Tage hat mich nur eins gefreut, die einzelne Stimme, welche Sie zum Deputierten machen wollte.

BOLZ. Es war ein toller Einfall des ehrlichen Weinhändlers.

ADELHEID. Sie haben sich so viel Mühe gegeben, Ihren Freund durchzusetzen. Warum haben Sie nicht für sich selbst gearbeitet? Der junge Herr, den ich einst kannte, hatte einen hohen Sinn, und nichts erschien seinem fliegenden Ehrgeiz unerreichbar. Sind Sie anders geworden, oder brennt das Feuer noch?

BOLZ *lächelnd.* Ich bin Journalist geworden, gnädiges Fräulein.

ADELHEID. Das ist Ihr Freund auch.

BOLZ. Nur so nebenbei, ich aber gehöre zur Zunft. Wer dazugehört, kann den Ehrgeiz haben, witzig oder bedeutend zu schreiben; was darüber hinausgeht, ist nicht für uns.

ADELHEID. Nicht für Sie?

BOLZ. Dazu sind wir zu flüchtig, zu unruhig und zerstreut.

ADELHEID. Ist das Ihr Ernst, Conrad?

BOLZ. Mein völliger Ernst. Warum soll ich mich Ihnen anders zeigen, als ich bin? Wir Zeitungsschreiber füttern unsern Geist mit Tagesneuigkeiten, wir müssen alle Gerichte, welche Satan für die Menschen kocht, in den allerkleinsten Bissen durchkosten, darum müssen Sie uns schon etwas zugute halten. Der tägliche Ärger über das Verfehlte und Schlechte, die ewigen kleinen Aufregungen über alles mögliche, das arbeitet in dem Menschen. Im Anfange ballt man die Faust, später gewöhnt man sich, darüber zu spotten. Wer immer für den Tag arbeitet, ist es bei dem nicht auch natürlich, daß er in den Tag hinein lebt?

ADELHEID *unruhig.* Das ist ja traurig!

BOLZ. Im Gegenteil. Es ist ganz lustig. Wir summen wie die Bienen, durchfliegen im Geist die ganze Welt, saugen Honig, wo wir ihn finden, und stechen, wo uns etwas mißfällt. – Ein solches Leben ist nicht gerade gemacht, große Heroen zu bilden, es muß aber auch solche Käuze geben, wie wir sind.

ADELHEID. Jetzt fängt der auch an, und er ist noch ärger als der andere.

BOLZ. Wir wollen deshalb nicht gefühlvoll werden! Ich schreibe frisch drauflos, solange es geht. Geht's nicht mehr, dann treten andere für mich ein und tun dasselbe. Wenn Conrad Bolz, das Weizenkorn, in der großen Mühle zermahlen ist, so fallen andere Körner auf die

Steine, bis das Mehl fertig ist, aus welchem vielleicht die Zukunft ein gutes Brot bäckt zum Besten vieler.

ADELHEID. Nein! Nein! Das ist Schwärmerei, solche Resignation ist ein Unrecht.

BOLZ. Solche Resignation findet sich zuletzt bei jedem Berufe. Sie ist nicht Ihr Los! Ihnen gebührt ein anderes Glück, und Sie werden es finden. – *Mit Gefühl.* Adelheid, ich habe Ihnen als Jüngling zärtliche Verse geschrieben und mich in törichten Träumen gewiegt, ich habe Sie sehr liebgehabt, und die Wunde, welche mir unsere Trennung schlug, sie schmerzt zuweilen noch. – *Adelheid macht eine abwehrende Bewegung.* Erschrecken Sie nicht, ich werde Sie nicht verletzen. – Ich habe lange mit meinem Schicksal gegrollt und hatte Stunden, wo ich mir vorkam wie ein Verstoßener. Aber jetzt, wo Sie vor mir stehen in vollem Glanze, so schön, so begehrenswert, wo mein Gefühl für Sie so warm ist wie jemals, jetzt muß ich doch sagen, Ihr Vater hat zwar rauh an mir gehandelt, aber daß er uns trennte, daß er Sie, die reiche Erbin, an Ansprüche gewöhnt, in bestimmte Kreise eingelebt, verhinderte, Ihr Leben einem wilden Knaben zu schenken, der immer mehr Übermut als Kraft gezeigt hatte, das war doch sehr verständig, und er hat ganz recht daran getan.

ADELHEID *in Aufregung seine Hände ergreifend.* Ich danke Ihnen, Conrad, ich danke Ihnen, daß Sie so von meinem verstorbenen Vater reden. Ja, Sie sind gut, Sie haben ein Herz, es macht mich sehr glücklich, daß Sie mir das gezeigt haben.

BOLZ. Es ist nur ein ganz kleines Taschenherz zum Privatgebrauch, es geschah wider meinen Willen, daß es so zum Vorschein kam.

ADELHEID. Und jetzt genug von uns beiden. Hier im Hause braucht man unsere Hilfe. Sie haben gesiegt, haben Ihren Willen vollständig gegen uns durchgesetzt, ich unterwerfe mich und erkenne Sie als meinen Meister an. Jetzt aber üben Sie Gnade und werden Sie mein Verbündeter. Bei diesem Streit der Männer ist rauh in das Herz eines Mädchens gegriffen worden, das ich liebe. Ich möchte das gutmachen und wünsche, daß Sie mir dabei helfen.

BOLZ. Befehlen Sie über mich.

ADELHEID. Der Oberst muß versöhnt werden. Sinnen Sie etwas aus, das geeignet ist, sein krankes Selbstgefühl zu heilen.

BOLZ. Ich habe daran gedacht und einiges vorbereitet. Leider kann ich nichts tun, als ihm fühlbar machen, daß sein Zorn gegen Oldendorf eine Torheit ist. Den milden Sinn, der zur Versöhnung treibt, werden Sie allein hervorrufen können.

ADELHEID. So müssen wir Frauen unser Heil versuchen.

BOLZ. Ich eile, unterdes das Wenige zu tun, was ich vermag.

ADELHEID. Leben Sie wohl, Herr Redakteur. Und denken Sie nicht allein an den Lauf der großen Welt, sondern zuweilen auch an eine einzelne Freundin, welche an dem unwürdigen Egoismus leidet, auf ihre eigene Hand das Glück zu suchen.

BOLZ. Sie haben immer Ihr Glück darin gefunden, für das Glück anderer zu sorgen. Wer diesen unwürdigen Egoismus hat, für den ist es keine Kunst, glücklich zu sein.

Bolz ab.

ADELHEID *allein.* Er liebt mich noch! – Er ist ein zartfühlender, hochherziger Mensch! – Aber auch er ist resigniert, sie sind alle krank, diese Männer. Sie haben keine Courage! Aus lauter Gelehrsamkeit und Nachdenken über sich selbst haben sie das Vertrauen zu sich selbst verloren. Dieser Conrad! Warum sagt er nicht zu mir: Adelheid, ich wünsche Sie zur Frau? Er ist ja sonst unverschämt genug! Behüte, er philosophiert über meine Art Glück und seine Art Glück! Es war alles sehr schön, aber es ist doch nichts als dummes Zeug. – Da sind meine Junker auf dem Lande ganz andere Leute. Die tragen kein großes Bündel Weisheit mit sich herum und haben mehr Grillen und Vorurteile, als verzeihlich ist, aber sie hassen und lieben doch tüchtig und trotzig darauflos und vergessen die Sorge für ihr eigenes Wohlbefinden niemals. Sie sind besser daran, ich lobe mir das Land, die frische Luft und meine Äcker. – *Pause, mit Entschlossenheit.* Die Union soll verkauft werden! Der Conrad soll mir auf das Land, damit er seine Grillen verliert! *Setzt sich und schreibt; klingelt. Karl.* Diesen Brief an Herrn Justizrat Schwarz, ich bitte ihn, sich in einer dringenden Angelegenheit zu mir zu bemühen. *Karl ab.*

Ida.

IDA *aus der Seitentür links.* Ruhelos geh ich umher! Laß mich hier ausweinen! *Weint an Adelheids Halse.*

ADELHEID *zärtlich.* Mein armes Mädchen! Die bösen Männer haben schlimm an dir gehandelt. Traure, mein Liebling, aber sei nicht so stumm und ergeben.

IDA. Ich habe nur den einen Gedanken, er ist für mich verloren, für immer verloren!

ADELHEID. Du bist mein braves Mädchen. Aber sei ruhig! Du hast ihn gar nicht verloren! Im Gegenteil, wir wollen machen, daß du ihn weit schöner zurückerhältst. Mit geröteten Wangen und verklärten Augen soll er wieder vor dich treten, der edle Mann, dein erwählter Halbgott, und um Verzeihung soll dich der Halbgott auch bitten, daß er dir Schmerzen bereitet hat.

IDA *zu ihr aufsehend.* Was sagst du?

ADELHEID. Höre, heute nacht hab ich in den Sternen gelesen, daß du Frau Abgeordnete werden sollst. Ein großer Stern fiel vom Himmel, und darauf war mit leserlichen Buchstaben geschrieben: »Ohne Widerrede, sie soll ihn haben!« – Die Erfüllung ist nur an eine Bedingung geknüpft.

IDA. Welche Bedingung? Sag mir's.

ADELHEID. Ich habe dir neulich von einem gewissen Fräulein und einem unbekannten Herrn erzählt. Weißt du?

IDA. Ich habe unaufhörlich daran gedacht.

ADELHEID. Gut. An demselben Tage, wo diese Dame ihren Ritter wiederfindet, wirst auch du mit deinem Professor versöhnt werden. Nicht eher, nicht später, so steht's geschrieben.

IDA. Ich glaube dir so gern. Und wann wird der Tag kommen?

ADELHEID. Ja, mein Schatz, das weiß ich so genau nicht. Aber im 79 Vertrauen, weil wir Mädchen allein sind, die bewußte Dame hat das lange Hoffen und Harren herzlich satt, und ich fürchte, daß sie einen verzweifelten Schritt tut.

IDA *sie umarmend.* Mache nur, daß es nicht zu lange dauert.

ADELHEID *sie haltend.* Still, daß uns kein Mann hört! *Korb.* Was bringen Sie, alter Freund?

KORB. Fräulein, draußen ist Herr Bellmaus, der Freund –

ADELHEID. Schon gut; und er will mich sprechen.

KORB. Ja, ich selbst habe ihm zugeredet, sich an Sie zu wenden, er hat Ihnen etwas zu erzählen.

ADELHEID. Führen Sie ihn herein!

Korb ab.

IDA. Laß mich fort, ich habe verweinte Augen.

ADELHEID. So geh, mein Herz, in wenigen Minuten bin ich wieder bei dir. *Ida ab.* Auch der noch! Die ganze Union, einer nach dem andern! –

Bellmaus.

BELLMAUS *schüchtern, mit vielen Verbeugungen.* Sie haben mir erlaubt, gnädiges Fräulein! –

ADELHEID *freundlich.* Ich freue mich, Sie bei mir zu sehen, und bin neugierig auf die interessanten Entdeckungen, die Sie mir machen wollen.

BELLMAUS. Ich möchte niemandem lieber als Ihnen, mein gnädiges Fräulein, anvertrauen, was ich gehört habe. Da ich vom Herrn Korb erfahren, daß Sie eine Abonnentin unserer Zeitung sind, so habe ich das Vertrauen –

ADELHEID. Daß ich auch verdiene, eine Freundin der Redakteure zu sein. Ich danke Ihnen für die gute Meinung.

BELLMAUS. Da ist dieser Schmock! Er ist ein armer Mensch, der wenig in guter Gesellschaft gelebt hat, und war bis jetzt Mitarbeiter am Coriolan.

ADELHEID. Ich erinnere mich, ihn gesehen zu haben.

BELLMAUS. Ich gab ihm auf den Wunsch von Bolz einige Gläser Punsch. Darauf wurde er lustig und erzählte mir von einem großen Komplott, welches zwischen Senden und dem Redakteur des Coriolan besteht. Diese beiden Herren haben nach seiner Versicherung den Plan, unsern Professor Oldendorf beim Herrn Obersten in Mißkredit zu bringen, und deshalb haben sie den Herrn Oberst angetrieben, Artikel in den Coriolan zu schreiben.

ADELHEID. Ist denn der junge Mann, welcher Ihnen diese Entdeckungen gemacht hat, irgendwie zuverlässig?

BELLMAUS. Er kann nicht viel Punsch vertragen, und als er drei Gläser getrunken hatte, erzählte er mir das alles freiwillig; sonst halte ich ihn freilich nicht für sehr anständig. Ich glaube, er ist ein guter Kerl, aber anständig? Nein, das ist er doch nicht.

ADELHEID *gleichgültig.* Würde dieser Herr – welcher die drei Gläser Punsch getrunken hat, wohl bereit sein, seine Enthüllungen vor andern Personen zu wiederholen?

BELLMAUS. Er sagte mir, daß er das tun wollte, und sprach auch von Beweisen.

ADELHEID *beiseite.* Ah so! – *Laut.* Ich fürchte, die Beweise werden nicht genügend sein. – Und Sie haben dem Professor oder Herrn Bolz keine Mitteilung darüber gemacht?

BELLMAUS. Unser Professor ist jetzt sehr beschäftigt, und Bolz ist der beste und lustigste Mensch von der Welt; aber weil er ohnedies mit Herrn v. Senden gespannt ist, so glaubte ich –

ADELHEID *schnell*. Und Sie hatten ganz recht, lieber Herr Bellmaus.
– Also sonst sind Sie mit Herrn Bolz zufrieden?

BELLMAUS. Er ist ein verträglicher und ausgezeichneter Mensch, und
ich stehe mit ihm sehr gut, wir alle stehen gut mit ihm.

ADELHEID. Das freut mich.

BELLMAUS. Er ist manchmal etwas übermütig, aber er hat das beste
Herz von der Welt.

ADELHEID *beiseite*. Aus dem Munde der Kinder und Unmündigen
werdet Ihr die Wahrheit hören.

BELLMAUS. Freilich ist er eine rein prosaische Natur, für Poesie hat
er keinen Sinn.

ADELHEID. Glauben Sie?

BELLMAUS. Ja, in der Beziehung wird er oft ausfällig.

ADELHEID *aufbrechend*. Ich danke Ihnen für Ihre Mitteilungen, auch
wenn ich kein Gewicht darauf legen kann, und freue mich, in Ihnen
einen Teil der Redaktion kennenzulernen. Die Herren Journalisten
sind, wie ich merke, gefährliche Leute, und es ist gut, ihr Wohlwollen
zu erhalten, obgleich ich als unbedeutende Person mich bemühen
will, nie Stoff zu einem Zeitungsartikel zu geben. – *Da Bellmaus zögert
zu gehen.* Kann ich Ihnen noch in irgend etwas dienen?

BELLMAUS *mit Wärme*. Ja, gnädiges Fräulein, wenn Sie die Güte haben
wollen, dieses Exemplar meiner Gedichte anzunehmen. Es sind zwar
Jugendgedichte, meine ersten Versuche, aber ich rechne auf Ihre
freundliche Nachsicht. *Zieht ein Buch mit Goldschnitt aus der Tasche,
übergibt es.*

ADELHEID. Ich danke Ihnen herzlich, Herr Bellmaus. Noch niemals
hat mir ein Dichter seine Werke geschenkt, ich werde das schöne
Buch auf dem Lande durchlesen und mich unter meinen Bäumen
darüber freuen, daß ich in der Stadt Freunde habe, welche auch an
mich denken, wenn sie für andere das Schöne darstellen.

BELLMAUS *mit Feuer*. Sein Sie überzeugt, gnädiges Fräulein, daß kein
Dichter Sie vergessen wird, welcher das Glück gehabt hat, Sie kennenzulernen. *Ab mit einer tiefen Verbeugung.*

ADELHEID *allein*. Dieser Herr Schmock mit den drei Gläsern Punsch
ist doch wohl einer Bekanntschaft wert. Korb soll ihn sogleich aufsuchen. – Kaum bin ich in der Stadt angekommen, und mein Zimmer
ist wie ein Geschäftsbüro, in welchem Redakteure und Schriftsteller
ihr Wesen treiben. – Ich fürchte, das ist eine Vorbedeutung. *Ab nach
links.*

Es wird dunkel. Der Oberst aus dem Garten.

OBERST *langsam nach vorn.* Es ist mir lieb, daß es aus ist zwischen uns. - *Aufstampfend.* Sehr lieb ist es mir! - *Gedrückt.* Ich fühle mich frei und leicht, wie seit lange nicht, ich glaube, ich könnte singen. In diesem Augenblick bin ich Gegenstand der Unterhaltung bei allen Teetassen, auf allen Bierbänken. Überall Räsonieren und Lachen: Dem geschieht recht, dem alten Narren! Verdammt! *Karl mit Lichtern und der Zeitung.* Wer hat dir erlaubt. Licht zu bringen?

KARL. Herr Oberst, es ist die Stunde, wo Sie die Zeitung lesen. Hier ist sie.

Legt sie auf den Tisch.

OBERST. Unwürdiges Volk, diese Herren von der Feder! Feig, boshaft, hinterlistig in ihrer Anonymität. Wie diese Bande jetzt triumphieren wird, und über mich! Wie sie ihren Redakteur bis in die Wolken erheben! Da liegt, das nichtswürdige Blatt! Darin steht meine Niederlage, ausposaunt mit vollen Backen, mit spöttischem Achselzucken -- weg damit! *Geht auf und ab, sieht die Zeitung auf der Erde an, sie aufhebend.* Ich will's doch auskosten! *Setzt sich.* Hier gleich im Anfange: *Lesend.* Professor Oldendorf - Majorität von zwei Stimmen. »Dies Blatt ist verpflichtet, sich über das Resultat zu freuen.« - Das glaub ich. - »Aber nicht weniger erfreulich war der Wahlkampf, welcher voranging.« - Natürlich. - »Es ist vielleicht noch nicht dagewesen, daß, wie hier, zwei Männer einander gegenüberstanden, so eng durch jahrelange Freundschaft verbunden, beide in gleicher Weise durch das Wohlwollen ihrer Mitbürger ausgezeichnet. Es war ein ritterlicher Kampf zwischen zwei Freunden, voll Hochherzigkeit, ohne Groll, ohne Eifersucht, ja vielleicht verbarg sich in der Seele eines jeden von beiden der Wunsch, daß der befreundete Gegner und nicht er Sieger werde.« *Legt das Blatt weg, trocknet sich die Stirn ab.* Was ist das für eine Sprache? - *Liest.* »Und abgesehen von einzelnen Parteiansichten hat nie ein Mann größere Ansprüche auf den Sieg gehabt als unser verehrter Gegner. Was er durch seine biedere, edle Persönlichkeit dem großen Kreise seiner Freunde und Bekannten gilt, das zu rühmen ist nicht hier der Ort; wie er aber durch seine rege Teilnahme für alle gemeinnützigen Unternehmungen der Stadt mit Rat und Tat gewirkt, das ist allgemein bekannt und wird gerade heut von unsern Mitbürgern mit lebhaftem Dank empfunden.« - *Legt das Blatt weg.* Das ist ein niederträchtiger Stil! - *Liest weiter.* »Durch eine sehr geringe Majorität der Stimmen hat unsere Stadt beschlossen, die politischen Ansichten des jüngern Freundes in den

Kammern geltend zu machen, aber von allen Parteien werden heut, wie verlautet, Adressen und Deputationen vorbereitet, nicht, um den Sieger im Wahlkampf zu feiern, sondern um seinem Gegner, seinem edlen Freunde, die allgemeine Achtung und Verehrung auszudrücken, deren nie ein Mann würdiger war als er.« – Das ist offenbar Meuchelmord! Das ist eine furchtbare Indiskretion Oldendorfs, das ist eine Journalistenrache, so fein und zugespitzt. – O das sieht ihm ähnlich! Nein, das sieht ihm nicht ähnlich! Es ist empörend, es ist unmenschlich! – Was soll ich tun? Deputationen und Adressen an mich? an Oldendorfs Freund? – Bah, das ist alles nur Geschwätz, Zeitungsgeschrei, das kostet nichts als ein paar schöne Worte! Die Stadt weiß nichts von diesen Empfindungen. Es ist eine Gaunerei!

Karl.

KARL. Briefe von der Stadtpost.

Legt sie auf den Tisch, ab.

OBERST. Darin steckt wieder etwas! Es ist mir unheimlich, sie aufzumachen. – *Erbricht den ersten.* Was Teufel! ein Gedicht? und an mich? »Unserm edlen Gegner in der Politik, dem besten Manne der Stadt« – unterschrieben? – wie ist die Unterschrift: Baus! Baus? kenne ich nicht, das muß ein Pseudonym sein! *Liest.* Es scheint ganz ausgezeichnete Poesie! – Und was ist hier? *Öffnet den zweiten Brief.* »Dem Wohltäter der Armen, dem Vater der Verwaisten«, eine Adresse – *Liest.* Verehrung und Herzensgüte – Unterschrift: »Viele Frauen und Mädchen«, das Siegel ein P.P.? – Mein Gott, was soll das alles? Bin ich behext? – Sind das in Wahrheit Stimmen aus der Stadt, und wird der heutige Tag von den Menschen so aufgefaßt, so muß ich gestehen, daß die Leute besser von mir denken – als ich selbst. –

Karl.

KARL. Eine Anzahl Herren wünscht den Herrn Oberst zu sprechen.
OBERST. Was für Herren?
KARL. Sie sagen: Eine Deputation der Wahlmänner.
OBERST. Führe sie herein. Diese verdammte Zeitung hat doch recht gehabt.

Piepenbrink, Kleinmichel, noch drei andere Herren; sie verbeugen sich, der Oberst gleichfalls.

PIEPENBRINK *feierlich.* Mein Herr Oberst! – Eine Anzahl Wahlmänner hat uns als eine Deputation zu Ihnen gesandt, um Ihnen gerade heut zu sagen, daß die ganze Stadt Sie für einen höchst respektabeln und braven Mann hält.

OBERST *steif.* Ich bin für die gute Meinung verbunden.

PIEPENBRINK. Da ist nichts Verbindliches bei. Es ist die Wahrheit. Sie sind ein Ehrenmann durch und durch, und es macht uns Freude, Ihnen das zu sagen; es kann Ihnen nicht unangenehm sein, dies von Ihren Mitbürgern zu hören.

OBERST. Ich habe mich selbst immer für einen Mann von Ehre gehalten, meine Herren.

PIEPENBRINK. Da haben Sie ganz recht gehabt. Und Sie haben Ihre brave Gesinnung auch bewiesen. Bei jeder Gelegenheit. Bei Armut, bei Teuerung, in Vormundschaften, auch bei unserm Schützenfest, überall, wo uns Bürgern ein wohlwollender und guter Mann Freude machte oder nützlich war, da sind Sie voran gewesen. Immer schlicht und treuherzig, ohne schnurrbärtiges Wesen und Hochmut. Daher kommt es denn, daß wir Sie allgemein lieben und verehren.

Oberst fährt sich über die Augen.

PIEPENBRINK. Heut haben viele von uns ihre Stimmen dem Professor gegeben. Manche wegen der Politik, manche, weil sie wissen, daß er Ihr genauer Freund ist und vielleicht gar Ihr Schwiegersohn wird.

OBERST *ohne Härte.* Mein Herr –

PIEPENBRINK. Auch ich selbst habe Ihnen meine Stimme nicht gegeben.

OBERST *etwas eifriger.* Mein Herr –

PIEPENBRINK. Aber ebendeswegen komme ich mit den andern zu Ihnen, und deswegen sagen wir Ihnen, wie man in der Bürgerschaft von Ihnen denkt. Und wir wünschen alle, daß Sie noch lange Ihre männliche Gesinnung und Ihr freundschaftliches Herz uns erhalten mögen als ein verehrter, äußerst respektabler Herr und Mitbürger.

OBERST *ohne Härte.* Warum sagen Sie das nicht dem Professor, auf den Ihre Wahl gefallen ist?

PIEPENBRINK. Er ist noch jung. Er soll sich's erst in den Kammern verdienen, daß die Stadt ihm dankt. Sie aber *haben's* um uns verdient und deshalb kommen wir zu Ihnen.

OBERST *aufrichtig.* Ich danke Ihnen, mein Herr, für Ihre freundlichen Worte. Sie tun mir gerade jetzt sehr wohl. Ich bitte Sie um Ihren Namen.

PIEPENBRINK. Ich heiße Piepenbrink.

OBERST *erkältet, aber nicht unhöflich.* Ah so, das ist der Name! – *Mit Haltung.* Ich danke Ihnen, meine Herren, für die wohlwollende Ansicht, welche Sie ausgesprochen haben, gleichviel, ob Sie die wahre Meinung der Stadt wiedergeben oder nach den Wünschen einzelner reden. Ich danke Ihnen, und ich werde fortfahren, das zu tun, was ich für Recht halte. *Verbeugt sich, die Deputation ebenfalls, letztere ab.* Also das ist dieser Piepenbrink, der warme Freund seines Freundes! – Aber die Worte dieses Mannes waren verständig und sein ganzes Aussehen ehrenwert, es ist unmöglich, daß das alles Spitzbüberei sein kann. – Wer weiß! Es sind gewandte Intriganten. Senden mir Zeitungsartikel, Briefe und diese gutmütigen Leute ins Haus, um mich weichherzig zu machen, gebärden sich vor aller Welt als meine Freunde, um mich zu zwingen, Ihrer Falschheit wieder zu trauen! Ja, so ist's. Alles ist abgekartet! Sie sollen sich getäuscht haben!

Karl.

KARL. Herr Doktor Bolz!

OBERST. Ich bin für niemand mehr zu Hause.

KARL. Das habe ich dem Herrn auch gesagt, aber er bestand darauf, den Herrn Obersten zu sprechen, er komme in einer Ehrensache.

OBERST. Was? Oldendorf wird doch nicht so wahnsinnig sein – führ ihn her!

Bolz.

BOLZ *mit Haltung.* Herr Oberst, ich komme, Ihnen eine Mitteilung zu machen, welche für die Ehre eines dritten notwendig ist.

OBERST. Ich bin darauf gefaßt und bitte Sie, dieselbe nicht zu lang auszudehnen.

BOLZ. Nur so lang, als nötig ist. Der Artikel in dem heutigen Abendblatt der Union, welcher Ihre Persönlichkeit bespricht, ist von mir geschrieben und von mir ohne Oldendorfs Wissen in die Zeitung gesetzt.

OBERST. Es ist mir kaum von Interesse zu wissen, wer den Artikel geschrieben hat.

BOLZ *artig.* Aber es ist mir von Wichtigkeit, Ihnen zu sagen, daß er nicht von Oldendorf ist und daß Oldendorf nichts davon gewußt hat. Mein Freund war in den letzten Wochen so sehr durch Trübes und Schmerzliches, das er selbst erleben mußte, in Anspruch genommen, daß er die Leitung des Blattes mir allein überließ. Für alles, was in dieser letzten Zeit darin stand, bin ich allein verantwortlich.

OBERST. Und wozu machen Sie diese Eröffnung?

BOLZ. Es wird Ihrem Scharfblick nicht entgehen, Herr Oberst, daß nach der Szene, welche heut zwischen Ihnen und meinem Freunde vorgefallen ist, Oldendorf als Mann von Ehre einen solchen Artikel weder schreiben noch in seiner Zeitung dulden konnte.

OBERST. Wieso, mein Herr? In dem Artikel selbst habe ich nichts Unwürdiges gefunden.

BOLZ. Der Artikel setzt meinen Freund in Ihren Augen dem Verdacht aus, als wolle er durch unwürdige Schmeichelei Ihre Teilnahme wiedergewinnen. Nichts liegt ihm ferner als ein solcher Weg. Sie, Herr Oberst, sind zu sehr Mann von Ehre, um selbst bei Ihrem Feinde eine gemeine Handlung natürlich zu finden.

OBERST. Sie haben recht! – *Beiseite.* Dieser Trotz ist unerträglich. – Ist Ihre Erklärung zu Ende?

BOLZ. Sie ist es. Ich habe noch eine zweite beizufügen, daß ich selbst sehr bedaure, diesen Artikel geschrieben zu haben.

OBERST. Ich tue Ihnen wohl nicht unrecht, wenn ich annehme, daß Sie schon anderes geschrieben haben, was eher zu bedauern war.

BOLZ *fortfahrend.* Diesen Artikel ließ ich drucken, bevor ich von Ihrer letzten Unterredung mit Oldendorf Kenntnis hatte; sehr artig ich bedaure ihn deshalb, weil er nicht ganz wahr ist. Ich war zu schnell, als ich dem Publikum Ihre Persönlichkeit schilderte, das Bild entspricht wenigstens heut nicht mehr der Wirklichkeit, es ist geschmeichelt.

OBERST *ausbrechend.* Nun, beim Teufel, das ist grob.

BOLZ. Verzeihung, es ist nur wahr! Ich wünsche Sie zu überzeugen, daß auch ein Journalist bedauern kann, Unwahres geschrieben zu haben.

OBERST. Herr! – *Beiseite.* Ich muß an mich halten, er behält sonst immer recht. – Mein Herr Doktor, ich sehe, daß Sie ein gewandter Mann sind und Ihr Handwerk verstehen. Da Sie außerdem heut in der Stimmung scheinen, nur die Wahrheit zu reden, so ersuche ich Sie noch, mir zu sagen, ob Sie vielleicht auch die Demonstrationen geleitet haben, welche sich mir heut als Stimmen des Publikums darstellen.

BOLZ *sich verneigend.* Allerdings bin ich dabei nicht untätig gewesen.

OBERST *ihm die Briefe hinhaltend, heftig.* Haben Sie dies veranlaßt?

BOLZ. Zum Teil, Herr Oberst. – Dies Gedicht ist der Herzenserguß eines ehrlichen Jungen, welcher in Ihnen den väterlichen Freund Oldendorfs und das Ideal eines ritterlichen Helden verehrt; ich habe ihm den Mut gemacht, Ihnen das Gedicht zu übersenden. Es war wenigstens gut gemeint. Der Poet mag sich ein anderes Ideal suchen. – Diese Adresse kommt von Frauen und Mädchen, welche den Verein für Erziehung verwahrloster Kinder bilden. Der Verein zählt auch Fräulein Ida Berg unter seine Mitglieder, ich selbst habe den Damen diese Adresse verfaßt, sie ist von der Tochter des Weinhändlers Piepenbrink abgeschrieben.

OBERST. Ungefähr so habe ich diese Briefe beurteilt. Es ist unnötig zu fragen, ob Sie auch der Machinist sind, welcher mir die Bürger hergeschickt hat.

BOLZ. Wenigstens habe ich nicht abgeraten.

Von außen vielstimmiges Männer-Quartett.

Hoch, hoch, hoch!
Es lebt ein Ritter hochgesinnt
In unsrer Mauern Bann,
Ihn segnet jedes Bürgerkind
Den edlen, treuen Mann.
Wer Hilfe sucht in Not und Leid,
Der ruft den Ritter wert,
Denn Liebe ist sein Waffenkleid,
Erbarmen heißt sein Schwert.
Wir feiern heut mit Sang und Wort
Ihn, aller Armen Schutz und Hort,
Den Oberst, den Oberst,
Den edlen Oberst Berg.

OBERST *klingelt nach den ersten Takten des Gesanges. Karl.* Du wirst niemand vorlassen, wenn du in meinem Dienst bleiben willst.

KARL *erschrocken.* Herr Oberst, sie sind schon im Garten, eine große Gesellschaft, es ist die Liedertafel, die Anführer stehen bereits auf der Treppe.

BOLZ *der das Fenster geöffnet.* Sehr gut gesungen, Herr Oberst – Templer und Jüdin – Es ist der beste Tenor unserer Stadt, und die Begleitung ist originell genug.

OBERST *beiseite.* Es ist zum Tollwerden! – Führe die Herren herein. *Karl ab; am Ende der Strophe.* Fritz Kleinmichel, zwei andere Herren.

89

FRITZ KLEINMICHEL. Herr Oberst, die hiesige Liedertafel bittet um die Erlaubnis, Ihnen einige Lieder singen zu dürfen. Hören Sie das kleine Ständchen als einen schwachen Ausdruck der allgemeinen Verehrung und Liebe freundlich an.

OBERST. Meine Herren, ich bedaure sehr, daß eine Erkrankung in meiner Familie mir wünschenswert machen muß, Ihre künstlerischen Leistungen abgekürzt zu sehen. Ich danke Ihnen für die gute Meinung und ersuche Sie, Herrn Professor Oldendorf die Lieder zu singen, die Sie mir zugedacht haben.

FRITZ KLEINMICHEL. Wir hielten es für Pflicht, zuerst Sie zu begrüßen, bevor wir Ihren Freund aufsuchen. Um Kranke nicht zu stören, werden wir uns, wenn Sie erlauben, weiter vom Hause ab im Garten aufstellen.

OBERST. Tun Sie nach Ihrem Belieben. – *Fritz Kleinmichel und die beiden andern ab.* Ist dieser Aufzug auch von Ihrer Erfindung?

BOLZ *sich verneigend.* Wenigstens zum Teil! – Aber Sie sind zu gütig, Herr Oberst, wenn Sie alle diese Demonstrationen auf mich allein zurückführen; mein Anteil daran ist doch sehr gering. Ich habe nichts getan, als die öffentliche Meinung ein wenig redigiert. Diese vielen Menschen sind keine Puppen, welche ein gewandter Puppenspieler an den Drähten umherziehen könnte. Alle diese Stimmen gehören tüchtigen und ehrenwerten Personen an, und was sie Ihnen gesagt haben, das ist in der Tat die allgemeine Meinung der Stadt, das heißt, die Überzeugung der Besseren und Verständigen in der Stadt. Wäre sie es nicht, so hätte ich mich diesen braven Leuten gegenüber sehr vergeblich bemüht, auch nur einen von ihnen in Ihr Haus zu führen.

OBERST. Er hat wieder recht, und ich habe immer unrecht!

BOLZ *sehr artig.* Gestatten Sie mir noch die Erklärung, daß mir gegenwärtig auch diese zarten Äußerungen der allgemeinen Achtung unpassend erscheinen und daß ich den Anteil, welchen ich daran habe, höflich bedaure. Wenigstens heut hat ein Freund Oldendorfs keine Veranlassung, Ihren ritterlichen Sinn oder Ihre Selbstverleugnung zu feiern.

OBERST *auf ihn zugehend.* Mein Herr Doktor, Sie benutzen das Vorrecht Ihrer Zunft, rücksichtslos zu reden und Fremde zu beleidigen, in einer Weise, welche meine Geduld erschöpft. Sie sind in meinem Hause, und es ist eine gewöhnliche Rücksicht der gesellschaftlichen Klugheit, daß man das Hausrecht des Gegners respektiert.

BOLZ *sich über einen Stuhl lehnend, gemütlich.* Wenn Sie damit sagen wollen, daß Ihnen das Recht zusteht, unangenehme Fremde aus Ihrem

Hause zu entfernen, so war es unnötig, mich daran zu erinnern, denn Sie haben heut schon einen andern aus Ihrem Hause gewiesen, dem seine Liebe zu Ihnen ein größeres Recht gab, hier zu sein, als ich habe.

OBERST. Herr, eine solche Dreistigkeit ist mir noch nicht vorgekommen.

BOLZ *sich verneigend.* Ich bin Journalist, Herr Oberst, und nehme nur das in Anspruch, was Sie soeben das Vorrecht meiner Zunft nannten.

Großer Marsch von Blasinstrumenten. Karl schnell herein.

OBERST *ihm entgegen.* Verschließe das Gartentor, niemand soll herein.

Die Musik schweigt.

BOLZ *am Fenster.* Sie sperren Ihre Freunde aus, diesmal bin ich unschuldig.

KARL. Ach, Herr Oberst, es ist zu spät. Hinten im Garten stehen die Sänger, und vorn kommt ein ungeheurer Zug vor das Haus, es ist Herr v. Senden und die ganze Ressource!

Nach dem Hintergrund.

OBERST. Herr, ich wünsche, daß die Unterredung zwischen uns ein Ende nehme.

BOLZ *aus dem Fenster zurücksprechend.* In Ihrer Lage, Herr Oberst, finde ich diesen Wunsch sehr natürlich. *Wieder hinaussehend.* Ein brillanter Aufzug, sie tragen alle Papierlaternen. Auf den Laternen sind Inschriften! – Außer den gewöhnlichen Devisen der Ressource sehe ich noch andere. – Daß dieser Bellmaus doch niemals zusieht, wo er der Zeitung nützlich sein könnte. *Schnell eine Brieftasche vorziehend.* Die Inschriften wollen wir schnell für die Zeitung notieren. *Zurücksprechend.* Verzeihen Sie! – Ach, das ist höchst merkwürdig. »Nieder mit unsern Feinden!« – und hier eine schwärzliche Laterne mit weißen Buchstaben: »Pereat die Union!« Alle Wetter! *Zum Fenster hinausrufend.* Guten Abend, meine Herren!

OBERST *zu ihm tretend.* Herr, Sie sind des Teufels!

BOLZ *sich schnell umdrehend.* Es ist sehr gütig von Ihnen, Herr Oberst, daß Sie sich neben mir am Fenster zeigen.

Oberst tritt zurück.

SENDEN *von unten.* Was ist das für eine Stimme?

BOLZ. Guten Abend, Herr von Senden! – Der Herr, welcher die braune Laterne mit der weißen Inschrift trägt, würde uns sehr verbinden, wenn er die Güte haben wollte, dem Herrn Oberst die Laterne einmal heraufzureichen. Blasen Sie Ihr Licht aus, Mann, und reichen Sie mir die Laterne. – So, ich danke Ihnen, Mann mit der geistreichen Devise. – *Die Stocklaterne hereinholend.* Hier, Herr Oberst, ist das Dokument der brüderlichen Gesinnung, welche Ihre Freunde gegen uns hegen. *Reißt die Laterne vom Stock.* Die Laterne für Sie, der Stock für den Laternenträger. *Wirft den Stock zum Fenster hinaus.* Ich habe die Ehre, mich zu empfehlen. *Wendet sich zum Abgang, begegnet Adelheid.*

Männerchor wieder nahe »Es lebt ein Ritter hochgeehrt«, einfallender Tusch, vielstimmiges: der Oberst Berg soll leben, hoch!
Adelheid.

ADELHEID *von der Seite links während des Lärms eintretend.* Ist denn heut die ganze Stadt in Aufruhr?
BOLZ. Ich habe das Meine getan, er ist halb bekehrt. Gute Nacht!
OBERST *die Laterne zu Boden werfend, wütend.* Zum Teufel mit allen Journalisten!

Männerchor, Senden, Blumenberg und viele andere Herren – im Zuge an der Gartentür sichtbar, die Deputation tritt ein. Chor und Laternen gruppieren sich am Eingange.

SENDEN *mit lauter Stimme, bis der Vorhang am Boden ist.* Herr Oberst, die Ressource gibt sich die Ehre, ihr hochverehrtes Mitglied zu begrüßen.

        Der Vorhang fällt während der letzten Worte.

Vierter Akt

Erste Szene

Gartensaal im Hause des Obersten.
Oberst, vom Garten eintretend, hinter ihm Karl.

OBERST *am Eingang, unwirsch.* Wer hat dem Wilhelm befohlen, das
Pferd vor den Schlafzimmern umherzuführen? Der Schlingel macht
mit den Eisen einen Lärm, der Tote aufwecken könnte.
KARL. Werden der Herr Oberst heut nicht ausreiten?
OBERST. Nein! in den Stall mit dem Pferde!
KARL. Zu Befehl, Herr Oberst.

Ab.

OBERST *klingelt, Karl wieder an der Tür.* Ist das Fräulein zu sprechen?
KARL. Sie ist in ihrem Zimmer, der Herr Justizrat ist bereits seit einer
Stunde bei ihr.
OBERST. Wie? am frühen Morgen?
KARL. Hier ist sie selbst. *Ab, nachdem Adelheid eingetreten.* Adelheid,
Korb aus der Tür rechts.
ADELHEID *zu Korb.* Sie bleiben wohl in der Nähe der Gartentür, und
wenn der bewußte junge Herr kommt, dann führen Sie ihn zu uns.
Korb ab. Guten Morgen, Herr Oberst! *An ihn tretend und ihn heiter
ansehend.* Wie ist das Wetter heut?
OBERST. Grau, Mädchen, grau und stürmisch! Ärger und Gram sausen
in meinem Kopfe herum, daß er mir zerspringen möchte. Wie geht
es der Kleinen?
ADELHEID. Besser. Sie ist so gescheit gewesen, gegen Morgen einzu-
schlafen. Jetzt ist sie traurig, aber gefaßt.
OBERST. Gerade diese Fassung ist mir ärgerlich. Wenn sie nur einmal
schreien wollte und sich etwas in die Haare fahren, es wäre
schrecklich, aber es wäre doch Natur darin. Aber dies Lächeln und
sich Abwenden und dies Abtrocknen heimlicher Tränen, das nimmt
mir meine Fassung. Das ist bei meinem Kinde unnatürlich.
ADELHEID. Vielleicht kennt sie das gütige Herz ihres Vaters besser
als er selbst, vielleicht hofft sie noch!
OBERST. Worauf? Auf eine Versöhnung mit ihm? Nach dem, was geschehen, ist eine Versöhnung zwischen Oldendorf und mir unmöglich.

ADELHEID *beiseite.* Ob er wünscht, daß ich ihm widerspreche?

Korb.

KORB *zu Adelheid.* Der Herr ist gekommen.

ADELHEID. Ich werde klingeln. – *Korb ab.* Helfen Sie mir in einer kleinen Verlegenheit, ich habe einen fremden jungen Mann zu sprechen, der hilfsbedürftig scheint, und möchte gern, daß Sie in der Nähe blieben – darf ich die Tür hier offen lassen? *Weist auf die Tür links.*

OBERST. Das heißt wohl auf deutsch, ich soll dort hineingehen?

ADELHEID. Ich bitte, nur auf fünf Minuten.

OBERST. Meinetwegen, wenn ich nur nicht horchen soll.

ADELHEID. Das verlange ich nicht, aber zuhören werden Sie doch, wenn das Gespräch Sie interessieren sollte.

OBERST *lächelnd.* Dann werde ich hereinkommen. *Ab nach links.*

Adelheid klingelt.
Schmock; Korb am Eingange, sogleich wieder ab.

SCHMOCK *sich verbeugend.* Ich wünsche einen guten Morgen. – Sind Sie das Fräulein, welches ihren Schreiber zu mir geschickt hat?

ADELHEID. Ja. Sie haben den Wunsch geäußert, mich selbst zu sprechen.

SCHMOCK. Wozu soll der Schreiber wissen, wenn ich Ihnen etwas zu sagen habe? – Hier sind die Zettel, die der Senden geschrieben hat, welche ich gefunden habe im Papierkorbe des Coriolan. Sehen Sie nach, ob sie für den Obersten zu brauchen sind. Was soll ich damit anfangen? Es ist nichts damit zu machen.

ADELHEID *hineinsehend, beiseite lesend.* Hier sende ich Ihnen die unglückliche stilistische Arbeit usw. – Unvorsichtig und sehr gewöhn-lich! *Legt sie auf den Tisch. Laut.* In jedem Fall sind diese unbedeu-tenden Billette in meinem Papierkorbe besser verwahrt als in einem andern. – Und was veranlaßt Sie, mein Herr, mir Ihr Vertrauen zu schenken?

SCHMOCK. Der Bellmaus hat mir doch gesagt, daß Sie eine geschickte Person sind, die dem Obersten auf gute Weise sagen wird, er soll sich vor dem Senden und vor meinem Redakteur in acht nehmen. Und der Oberst ist ein humaner Mann, er hat mir neulich vorgesetzt ein Glas süßen Wein und Semmel mit Lachs zum Frühstück.

OBERST *an der Tür sichtbar, mitleidig die Hände faltend.* Du lieber Gott!

SCHMOCK. Warum soll ich ihn hintergehen lassen von diesen Menschen?

ADELHEID. Wenn Ihnen das Frühstück nicht unangenehm war, so wollen wir für ein zweites sorgen.

SCHMOCK. O ich bitte, bemühen Sie sich meinetwegen nicht.

ADELHEID. Können wir Ihnen sonst mit etwas helfen?

SCHMOCK. Womit sollen Sie mir helfen? *Seine Stiefeln und Kleider betrachtend.* Ich habe jetzt alles imstande. Mein Unglück ist nur, ich stecke in einem schlechten Geschäft. Ich muß sehen, daß ich aus der Literatur herauskomme.

ADELHEID *mitleidig.* Es ist wohl recht schwer, sich in der Literatur wohl zu fühlen?

SCHMOCK. Je nachdem. – Mein Redakteur ist ein ungerechter Mensch. Er streicht zuviel und bezahlt zu wenig. Achten Sie vor allem auf Ihren Stil, sagt er, guter Stil ist die Hauptsache. Schreiben Sie gewichtig, Schmock, sagt er, schreiben Sie tief, man verlangt das heutzutage von einer Zeitung, daß sie tief ist. Gut, ich schreibe tief, ich mache meinen Stil logisch. Wenn ich ihm aber die Arbeit bringe, so wirft er sie von sich und schreit: Was ist das? Das ist schwerfällig, das ist pedantisch, sagt er. Sie müssen schreiben genial, brillant müssen Sie sein, Schmock, es ist jetzt Mode, daß alles angenehm sein soll für die Leser. – Was soll ich tun? Ich schreibe wieder genial, ich setze viel Brillantes hinein in den Artikel; und wenn ich ihn so bringe, nimmt er den Rotstift und streicht alles Gewöhnliche und läßt mir nur die Brillanten stehen.

OBERST. Ist so etwas möglich?

SCHMOCK. Wie kann ich bestehen bei solcher Behandlung? Wie kann ich ihm schreiben lauter Brillantes die Zeile für fünf Pfennige? Dabei kann ich nicht bestehen. Und deshalb will ich sehen, daß ich aus dem Geschäft herauskomme. Wenn ich nur könnte verdienen 25–30 Taler, ich wollte in meinem Leben nicht wieder schreiben für eine Zeitung, ich wollte dann mein eigenes Geschäft anfangen, ein kleines Geschäft, das mich ernähren könnte.

ADELHEID. Warten Sie einen Augenblick!

Sucht in ihrer Börse.

OBERST *eilig hervorkommend.* Überlassen Sie das mir, liebe Adelheid. Der junge Mann will aufhören, Journalist zu sein, das geht mich an! Hier, hier ist Geld, wie Sie sich wünschen, wenn Sie mir versprechen, von heute ab keine Feder mehr für eine Zeitschrift anzurühren. Hier, nehmen Sie!

SCHMOCK. Ein preußisches Kassenbillett von 25 Talern Kurant? Auf meine Ehre, ich versprech's Ihnen, Herr Oberst, auf meine Ehre und Seligkeit, ich gehe noch heut zu einem Vetter von mir, welcher ein solides Geschäft hat. Will der Herr Oberst einen Schuldschein, oder soll ich ausstellen einen Wechsel auf mich selber mit langer Frist?

OBERST. Bleiben Sie mir vom Leibe mit Ihrem Wechsel!

SCHMOCK. So will ich einen richtigen Schuldschein ausstellen. Es ist mir lieber, daß es nur ein Schuldschein ist.

OBERST *ungeduldig.* Auch Ihren Schuldschein will ich nicht. – Herr, gehen Sie in Gottes Namen!

SCHMOCK. Und wie wird's sein mit den Interessen? Kann ich's haben gegen fünf Prozent, so wäre mir's lieb.

ADELHEID. Der Herr schenkt Ihnen das Geld.

SCHMOCK. Er schenkt mir das Geld? Es ist ein Wunder! – Wissen Sie was, Herr Oberst, wenn ich nichts mache mit dem Geld, so bleibt es geschenkt; wenn ich mir damit aufhelfe, so bring ich's Ihnen zurück. Ich hoffe, ich werde mir aufhelfen.

OBERST. Halten Sie das ganz nach Ihrem Belieben.

SCHMOCK. Es ist mir ganz lieb so, Herr Oberst. Unterdes danke ich Ihnen, und mög' es Ihnen vergolten werden durch eine andere Freude, die Sie haben. Ich empfehle mich Ihnen, meine Herrschaften.

ADELHEID. Das Frühstück wollen wir nicht vergessen. *Kingelt. Korb tritt ein.* Lieber Korb! *Spricht leise mit ihm.*

SCHMOCK. Bitte sehr, lassen Sie doch das!

Schmock und Korb ab.

OBERST. Und jetzt, mein Fräulein, erklären Sie mir diese ganze Unterredung; sie geht mich nahe genug an.

ADELHEID. Senden hat sich gegen andere taktlos über seine Stellung zu Ihnen und Ihrem Hause ausgesprochen. Dieser junge Mann hatte etwas davon gehört und Billette von Senden in Besitz, in welchen einige unpassende Ausdrücke vorkommen. Ich hielt es für gut, diese Billette aus seinen Händen herauszuziehen.

OBERST. Ich ersuche Sie um diese Briefe, Adelheid.

ADELHEID *bittend.* Wozu, Herr Oberst?

OBERST. Ich werde mich nicht ärgern, Mädchen.

ADELHEID. Das verlohnt sich auch nicht. Und doch bitte ich Sie, nicht hineinzusehen. – Sie wissen jetzt genug, denn Sie wissen, daß er mit

seiner Umgebung ein so großes Vertrauen, als Sie ihm in der letzten
Zeit gegönnt haben, nicht zu würdigen weiß.

OBERST *traurig.* O pfui, pfui! – Ich habe in meinen alten Tagen Unglück mit meinen Bekanntschaften.

ADELHEID. Wenn Sie Oldendorf mit diesem hier – *Auf die Briefe weisend.* in eine Klasse setzen, so haben Sie unrecht.

OBERST. Das tue ich nicht, Mädchen. Den Senden habe ich nicht so liebgehabt, und deshalb trage ich's leichter, daß er mich verletzt.

ADELHEID *mild.* Und weil Sie den andern geliebt haben, deshalb waren Sie gestern so –

OBERST. Sprechen Sie's nur aus, Sittenprediger – so hart und ungestüm.

ADELHEID. Mehr als das, Sie waren ungerecht.

OBERST. Ich habe mir in dieser Nacht dasselbe gesagt, wenn ich an Idas Zimmer trat und das arme Ding weinen hörte. Ich war ein gekränkter, zorniger Mann und hatte unrecht in der Form, in der Sache selbst hatte ich doch recht. Mag er Deputierter sein, er paßt dazu vielleicht besser als ich; daß er ein Zeitungsschreiber ist, das trennt uns.

ADELHEID. Er tut doch nur, was Sie auch taten.

OBERST. Erinnern Sie mich nicht an diese Torheit! – Wenn er als mein Schwiegersohn den Lauf der Welt anders beurteilte als ich, so könnte ich's wohl ertragen. Wenn er aber alle Tage Gefühle und Gesinnungen, die den meinen so entgegenstehen, laut in die Welt ruft und ich das lesen müßte und überall hören müßte, wie mein Schwiegersohn von meinen Freunden und alten Kameraden deshalb verspottet und gescholten wird, und das alles hinunterschlucken müßte, sehen Sie, das kann ich nicht!

ADELHEID. Und Ida? Weil Sie das nicht ertragen wollen, deshalb wird Ida unglücklich.

OBERST. Mein armes Kind! Sie ist jetzt unglücklich gewesen, die ganze Zeit hindurch. Das halbe Wesen zwischen uns Männern hat schon lange nichts getaugt. Es ist besser, daß es mit einem großen Schmerz ein Ende nimmt.

ADELHEID *ernst.* Noch sehe ich das Ende nicht. Ich werde es erst sehen, wenn Ida wieder so fröhlich lacht, als sie sonst tat.

OBERST *aufgeregt umhergehend, ausbrechend.* So werde ich ihm mein Kind übergeben und mich allein in einen Winkel setzen. – Ich dachte meine letzten Tage anders, aber verhüte Gott, daß mein geliebtes Mädchen durch mich unglücklich werden sollte. Er ist zuverlässig und ehrenhaft, er wird sie gut halten. – Ich werde wieder in die kleine Stadt ziehen, aus der ich hergekommen bin.

ADELHEID *seine Hand ergreifend.* Mein würdiger Freund, nein, das sollen Sie nicht. Weder Oldendorf noch Ida würden ihr Glück einem solchen Opfer verdanken wollen. – Wenn nun Senden und seine Freunde dem Professor die Zeitung unter den Händen fortziehen, wie dann?

OBERST *freudig.* Dann wäre er kein Journalist mehr! – *Unruhig.* Ich will nichts von dem Plane hören, das hinterlistige Handeln gefällt mir nicht.

ADELHEID. Mir auch nicht. – *Herzlich.* Herr Oberst, Sie haben mir oft ein Vertrauen geschenkt, das mich glücklich und stolz gemacht hat. Sie haben mir auch heute gestattet, rücksichtsloser zu sprechen, als einem Mädchen sonst wohl erlaubt wird. Wollen Sie mir noch einen recht großen Beweis Ihrer Achtung geben?

OBERST *ihr die Hand drückend.* Adelheid, wir wissen, wie wir miteinander stehen. Sprechen Sie.

ADELHEID. Sein Sie heut auf eine Stunde mein getreuer Ritter. Erlauben Sie mir, daß ich Sie mit mir führe, wohin es auch sei.

OBERST. Was haben Sie vor, Kind?

ADELHEID. Nichts Unrechtes, nichts, was Ihrer und meiner unwürdig wäre. Es soll Ihnen nicht lange Geheimnis bleiben.

OBERST. Wenn es sein muß, ich gebe mich gefangen. Aber darf ich nicht ungefähr wissen, was ich zu tun habe?

ADELHEID. Sie sollen mich bei einem Besuch begleiten und sich dabei an das erinnern, was wir jetzt so verständig miteinander gesprochen haben.

OBERST. Bei einem Besuch?

Korb.

ADELHEID. Bei einem Besuch, den ich in meinem eigenen Interesse mache.

KORB *zu Adelheid.* Herr v. Senden wünscht Ihnen seine Aufwartung zu machen.

OBERST. Ich will ihn jetzt nicht sehen.

ADELHEID. Ruhe, Colonel, wir haben nicht Zeit, auch mit dem zu zürnen. Ich werde ihn auf einige Augenblicke annehmen müssen.

OBERST. Dann gehe ich fort.

ADELHEID *bittend.* Um mich sogleich zu begleiten? Der Wagen wartet.

OBERST. Ich gehorche dem Kommando.

Ab nach links.

ADELHEID. Ich habe einen schnellen Entschluß gefaßt, ich habe etwas gewagt, was für ein Mädchen wohl zu keck war, denn ich fühle jetzt, wo die Entscheidung naht, daß mein Mut mich verläßt. – Ich mußte es tun um seinetwillen und für uns alle. – *Zu Korb.* Bitten Sie Fräulein Ida, sich bereitzuhalten. Der Kutscher soll sogleich umkehren, sie abzuholen. – Lieber Korb, denken Sie an mich. Ich gehe einen wichtigen Gang, mein alter Freund. – *Adelheid ab.*

KORB *allein.* Tausend! glänzen der die Augen! Was hat sie vor? Sie will doch nicht gar den alten Oberst entführen? Was sie auch vorhat, sie setzt's durch. Es gibt nur einen, der mit ihr fertig werden könnte. O Herr Conrad, wenn ich reden dürfte! *Ab.*

Zweite Szene

Redaktionszimmer der Union.
Bolz aus der Tür links, gleich darauf Müller.

BOLZ *zur Mitteltür.* Hier herein mit dem Tisch!

MÜLLER *trägt einen kleinen gedeckten Tisch mit Weinflaschen, Gläsern und Tellern nach dem Vordergrund links, rückt fünf Stühle, sprechend.* Herr Piepenbrink läßt sich empfehlen und sagen, der Wein wäre von dem gelbgesiegelten, und wenn der Herr Doktor Gesundheiten tränke, möchte er auch Herrn Piepenbrinks Gesundheit nicht vergessen. Er war sehr fidel, der dicke Herr. Und Madame Piepenbrink erinnerte ihn daran, daß er auf die Union abonnieren sollte, er trug mir auf, das zu bestellen.

BOLZ *welcher unterdes am Arbeitstisch rechts in Papieren geblättert, aufstehend.* Her den Wein! *Müller gießt in ein Glas.* Dem würdigen Weinschenk zu Ehren! *Trinkt.* Ich habe ihn leichtfertig behandelt, aber sein Herz hat sich als treu bewährt. Sagen Sie ihm, die Gesundheit sei nicht vergessen worden. Hier die Flasche für Sie! – Jetzt trollt euch! *Müller ab, Bolz die Tür links öffnend.* Kommt, ihr Herren, heut löse ich mein Wort. *Kämpe, Bellmaus, Körner.* Hier ist das versprochene Frühstück. – Und jetzt, ihr allerliebsten Eintagsfliegen, schnell! malt eure Backen und eure Laune so rosafarben, als eurem Witze nur möglich ist. *Einschenkend.* Der große Sieg ist erfochten, die Union hat einen der edelsten Triumphe gefeiert, noch in späten Jahrhunderten werden verspätete Enkel staunend sagen, das waren glorreiche Tage und so weiter, Fortsetzung siehe in der heutigen Nummer der Zeitung. – Bevor wir uns setzen, den ersten Toast. –

KÄMPE. Der erwählte Deputierte –

BOLZ. Nein, der erste Toast gilt der gemeinsamen Mutter, der großen Macht, welche Deputierte hervorbringt, die Zeitung, sie floriere!

ALLE. Hoch!

Stoßen an.

BOLZ. Hoch! Und zum zweiten lebe – halt, der Deputierte selber fehlt noch.

KÄMPE. Da kommt er.

Oldendorf.

BOLZ. Der Abgeordnete unserer ehrwürdigen Stadt, Chefredakteur und Professor, Journalist und brave Mann, welcher gegenwärtig zürnt, daß hinter seinem Rücken Allotria in die Zeitung gesetzt worden sind, er lebe hoch!

ALLE. Hoch!

OLDENDORF *freundlich.* Ich danke den Herren.

BOLZ *Oldendorf nach dem Vordergrund ziehend, beiseite.* Und du bist nicht mehr böse.

OLDENDORF. Deine Meinung war gut, aber es war eine große Indiskretion.

BOLZ. Denke nicht mehr daran! – *Laut.* Hier, nimm das Glas, setze dich zu uns. Sei heut nicht stolz, junger Staatsmann, heut gehörst du uns. So, hier sitzt die Redaktion. Wo ist der würdige Herr Henning, wo steckt der Eigentümer, Drucker und Verleger Gabriel Henning?

BELLMAUS. Wir haben ihn überall gesucht, er ist nirgend zu finden.

KÄMPE. Ich begegnete ihm vorhin auf der Treppe, er schlich so scheu an mir vorüber wie jemand, der einen dummen Streich gemacht hat.

BOLZ. Wahrscheinlich geht es ihm wie Oldendorf, er ist wieder einmal unzufrieden mit der Haltung des Blattes.

Müller.

MÜLLER *den Kopf hereinsteckend.* Hier die Zeitungen und Postsachen!

BOLZ. Dorthin!

Müller tritt herein, legt die Papiere auf den Arbeitstisch.

MÜLLER. Hier ist der Coriolan. Es steht etwas über unsere Zeitung
darin, der Laufbursche des Coriolan grinste mich höhnisch an und
empfahl mir den Artikel zur Durchsicht.
BOLZ. Geben Sie her! Still, römisches Volk! Coriolan spricht. – Alle
Teufel, was soll das? *Liest.* »Aus der besten Quelle erfahren wir so-
eben, daß dem Zeitungswesen unserer Provinz eine große Verände-
rung bevorsteht. – Unsere Gegnerin, die Union, wird aufhören, ihre
maßlosen Angriffe gegen alles Hohe und Heilige zu richten.« – Dies
Hohe und Heilige heißt Blumenberg. – »Das Eigentumsrecht an
derselben soll in andere Hände übergegangen sein, und es ist sichere
Aussicht, daß wir in diesem vielgelesenen Blatt von jetzt ab einen
Verbündeten begrüßen werden.« – Wie schmeckt das, ihr Herren?
MÜLLER. Donnerwetter!
KÄMPE. Das ist Unsinn!
BELLMAUS. Es ist eine Lüge!
OLDENDORF. Das ist wieder eine von den abenteuerlichen Erfindungen
des Blumenberg.
BOLZ. Dahinter steckt was. Holt mir den Gabriel Henning her! *Müller
ab.* Dieser Eigentümer hat den Verräter gespielt, wir sind vergiftet
Aufspringend. und dies ist das Gastmahl der Borgia. Nächstens treten
die barmherzigen Brüder herein und singen unser Totenlied. – Tut
mir den Gefallen und eßt wenigstens die Austern auf, bevor es zu
spät wird.
OLDENDORF *der das Blatt ergriffen hat.* Offenbar ist diese Nachricht
nichts als ein unsicheres Gerücht. Henning wird uns sagen, daß
nichts daran ist. Sieh du keine Gespenster und setze dich zu uns.
BOLZ *sich setzend.* Ich setze mich, aber nicht, weil ich deinen Worten
glaube, sondern weil ich das Frühstück nicht im Stich lassen will.
Schafft den Henning her, er soll Rede stehen.
OLDENDORF. Du hörst ja, er ist nicht zu Hause.
BOLZ *eifrig essend.* O du wirst furchtbar erwachen, kleiner Orsina! –
Bellmaus, gieße mir ein. – Wenn die Geschichte aber nicht wahr ist,
wenn dieser Coriolan gelogen hat, bei diesem Purpur im Glase sei's
geschworen! so will ich sein Mörder werden. Die grimmigste Rache,
die je ein beleidigter Journalist genommen, soll auf sein Haupt fallen,
er soll an Nadelstichen verbluten, jeder Mops auf der Straße soll ihn
verächtlich ansehen und sagen: Pfui, Coriolan, von Ihnen nehme ich
keinen Bissen an, und wenn's Wurst wäre. – *Es klopft, Bolz legt das
Messer hin.* Memento mori! das sind unsere Totengräber. – Noch
die letzte Auster. Und dann lebe wohl, du schöne Welt!

Justizrat Schwarz; Senden aus der Tür links, die Tür bleibt offen.

SCHWARZ. Ergebener Diener, meine Herren.

SENDEN. Verzeihung, wenn wir stören.

BOLZ *sitzend am Tisch.* Nicht im geringsten. Dies ist unser gewöhnliches Frühstück, kontraktlich auf ein Jahr ausgemacht, 50 Austern und zwei Flaschen täglich für jeden Mitarbeiter. Wer die Zeitung kauft, muß es liefern.

SCHWARZ. Was uns herführt, Herr Professor, ist eine Mitteilung, welche Ihnen zuerst Herr Henning hätte machen sollen. Er hat es vorgezogen, mich damit zu beauftragen.

OLDENDORF. Ich erwarte Ihre Mitteilung.

SCHWARZ. Herr Henning hat vom gestrigen Tage alle Rechte, welche ihm als Eigentümer der Zeitung »Union« zustehen, durch Verkauf an mich übertragen.

OLDENDORF. An Sie, Herr Justizrat?

SCHWARZ. Ich gestehe, daß ich nur als Bevollmächtigter eines Dritten gekauft habe. Hier ist der Kaufvertrag; es ist kein Geheimnis darin.

Überreicht ein Papier.

OLDENDORF *durchsehend zu Bolz.* Es ist ein notarieller Vertrag in aller Form – verkauft für 20000 Tlr. – *Aufregung unter den Mitarbeitern.* Erlauben Sie mir, auf den Kern der Sache zu gehen. Soll mit diesem Wechsel des Eigentümers auch eine Änderung in der politischen Haltung des Blattes verbunden sein?

SENDEN *vortretend.* Allerdings, Herr Professor, das war bei dem Kaufe die Meinung.

OLDENDORF. Sehe ich vielleicht in Ihnen den neuen Eigentümer?

SENDEN. Das nicht, aber ich habe die Ehre, ihm befreundet zu sein. Sowohl Sie selbst als diese Herren haben das Recht zu verlangen, daß Ihre Kontrakte erfüllt werden. Ihre Kontrakte lauten, wie ich höre, auf halbjährige Kündigung. Es versteht sich, daß Sie bis zum Ablauf dieser Zeit Ihren Gehalt fortbeziehen.

OLDENDORF *ironisch.* Wirklich?

BOLZ *aufstehend.* Sie sind sehr gütig, Herr v. Senden. Unsere Kontrakte geben uns das Recht, die Zeitung ganz nach unserem Ermessen zu redigieren und sowohl die Haltung als die Parteistellung des Blattes selbständig zu handhaben. Wir werden daher bis zum Ablauf des nächsten Halbjahrs nicht nur unsere Gehalte fortbeziehen, sondern auch die Zeitung selbst zum Besten der Partei fortführen, welcher anzugehören Sie nicht die Ehre haben.

SENDEN *heftig.* Wir werden Mittel finden, dem zu begegnen.

OLDENDORF. Beruhigen Sie sich! Eine solche Tätigkeit wäre kaum unser würdig. Ich erkläre unter solchen Umständen, daß ich die Redaktion mit dem heutigen Tage niederlege und Sie aller Verpflichtungen gegen mich entbinde.

BOLZ. Meinetwegen, es sei. Ich erkläre dasselbe.

BELLMAUS, KÄMPE UND KÖRNER *zugleich.* Wir auch!

SENDEN *zu Schwarz.* Sie sind Zeuge, daß die Herren freiwillig auf ihre Rechte verzichten.

BOLZ *zu den Mitarbeitern.* Halt, meine Herren, sein Sie nicht zu hochherzig. Es ist in der Ordnung, daß Sie sich nicht weiter an dem Blatt beteiligen. Wozu wollen Sie aber Ihre Geldansprüche an den neuen Besitzer aufgeben? 106

BELLMAUS. Ich will lieber nichts von ihnen annehmen, ich will handeln wie du.

BOLZ *ihn streichelnd.* Gut gedacht, mein Sohn. Wir wollen uns zusammen durch die Welt schlagen. Was meinst du zu einer Drehorgel, Bellmaus? Wir ziehen damit auf die Messen und singen deine Lieder ab, ich drehe, du singst.

OLDENDORF. Da keiner von Ihnen Eigentümer der Zeitung geworden ist, so werden Sie zum Schluß dieser Verhandlung noch die Frage natürlich finden, an wen wir unsere Rechte abgetreten haben?

SENDEN. Der gegenwärtige Besitzer der Zeitung ist –

Oberst aus der Seitentür links.

OLDENDORF *erschrocken zurücktretend.* Herr Oberst?

BOLZ. Ah, jetzt wird die Sache hochtragisch.

OBERST *zu Oldendorf tretend.* Vor allem, Herr Professor, nehmen Sie die Überzeugung, daß ich dieser ganzen Angelegenheit fremd bin und nur auf den Wunsch des Käufers hierher komme. Erst hier habe ich erfahren, worum es sich handelt. Ich hoffe, daß Sie mir das glauben werden.

BOLZ. Ich aber finde dies Spiel unpassend und bestehe darauf zu erfahren, wer der neue Eigentümer ist, der sich so geheimnisvoll hinter verschiedenen Personen verbirgt.

Adelheid.

ADELHEID *aus der Seitentür links eintretend.* Er steht vor Ihnen.

BOLZ. Ich wünsche in Ohnmacht zu fallen.

BELLMAUS. Das ist ein göttlicher Witz!

ADELHEID *sich verneigend.* Ich grüße Sie, meine Herren! *Zu den Mitarbeitern.* Habe ich recht, wenn ich annehme, daß diese Herren bis jetzt bei der Redaktion beschäftigt gewesen sind?

BELLMAUS *eifrig.* Jawohl, gnädiges Fräulein! Herr Kämpe für leitende Artikel, Herr Körner für die französischen und englischen Korrespondenzen und ich für Theater, Musik, bildende Kunst und Allerlei.

ADELHEID. Ich werde mich sehr freuen, wenn Ihre Grundsätze Ihnen erlauben sollten, auch ferner Ihr Talent meiner Zeitung zu gönnen.

Die drei Mitarbeiter verneigen sich.

BELLMAUS *die Hand aufs Herz legend.* Gnädiges Fräulein, unter Ihrer Redaktion bis an das Ende der Welt!

ADELHEID *lächelnd und verbindlich.* Ach nein – nur in jenes Zimmer *Weist auf die Tür rechts.* Ich brauche eine halbe Stunde, um mich für meine neue Tätigkeit zu sammeln.

BELLMAUS *im Abgehen.* Das wird eine ausgezeichnete Geschichte!

Bellmaus, Kämpe, Körner ab.

ADELHEID. Herr Professor, Sie haben die Leitung der Zeitung mit einer Bereitwilligkeit niedergelegt, welche mich entzückt. *Mit Bedeutung. Ich wünsche die Union auf meine Weise zu redigieren. Faßt seine Hand und führt ihn zum Obersten.* Herr Oberst, er ist nicht mehr Redakteur; wir haben ihn überlistet, Sie haben Ihre Satisfaktion.

OBERST *die Arme ausbreitend.* Kommen Sie, Oldendorf! – Was geschehen ist, tat mir leid seit der Stunde unserer Trennung.

OLDENDORF. Mein verehrter Freund!

ADELHEID *auf die Tür links deutend.* Dort drinnen ist noch jemand, welcher an der Versöhnung teilzunehmen wünscht. Vielleicht ist's Herr Gabriel Henning.

Ida.

IDA *an der Seitentür.* Eduard!

Oldendorf eilt zur Tür, Ida ihm entgegen, er umarmt sie. Beide ab nach links, der Oberst folgt.

ADELHEID *artig.* Bevor ich Sie, Herr v. Senden, ersuche, sich für die Redaktion dieser Zeitung zu interessieren, bitte ich Sie, diese Korrespondenz durchzulesen, welche ich als einen Beitrag für mein Blatt erhalten habe.

SENDEN *wirft einen Blick hinein.* Mein Fräulein, ich weiß nicht, wessen Indiskretion –

ADELHEID. Fürchten Sie keine von meiner Seite, ich bin Zeitungsbesitzerin und *Mit Beziehung.* werde das Redaktionsgeheimnis bewahren.

Senden verbeugt sich.

ADELHEID. Darf ich Sie um das Dokument bitten, Herr Justizrat? Und wollen die Herren die Güte haben, den Verkäufer über den Ausgang des Geschäftes zu beruhigen?

Verbeugungen. Senden und Schwarz ab.
Adelheid, Bolz.

ADELHEID *nach einer kleinen Pause.* Nun, Herr Bolz, was soll ich mit Ihnen anfangen?

BOLZ. Ich bin auf alles gefaßt; ich wundre mich über nichts mehr. – Wenn nächstens jemand ein Kapital von hundert Millionen darauf verwendet, alle Neger mit weißer Ölfarbe anzustreichen oder Afrika viereckig zu machen, mich soll's nicht wundern. Wenn ich morgen als Uhu aufwache, mit zwei Federbüscheln statt Ohren und mit einer Maus im Schnabel, ich will zufrieden sein und denken, es sind schon mehr Schlechtigkeiten vorgefallen.

ADELHEID. Was haben Sie, Conrad? Sind Sie unzufrieden mit mir?

BOLZ. Mit Ihnen? Sie sind großmütig gewesen wie immer; nur zu großmütig! Und alles wäre recht schön, wenn nur diese ganze Szene nicht möglich gewesen wäre. Dieser Senden!

ADELHEID. Er wird nicht wiederkommen. – Conrad, ich halte zur Partei!

BOLZ. Triumph! Ich höre unzählige Engel Posaune blasen! Ich bleibe bei der Union!

ADELHEID. Darüber habe ich nicht mehr zu entscheiden. Denn ich muß Ihnen noch ein Geständnis ablegen. Auch ich bin nicht der wirkliche Eigentümer der Zeitung.

BOLZ. Nicht? – Nun bei allen Göttern, mein Witz ist zu Ende, dieser Eigentümer wird mir allmählich gleichgültig. Ob er ein Mensch, ein Irrwisch oder Beelzebub selber ist, ich biete ihm Trotz!

ADELHEID. Er ist eine Art Irrwisch, er ist ein klein wenig Teufel, und vom Kopf bis zur Zeh ist er ein großer Schelm. Denn Conrad, mein Freund, Geliebter meiner Jugend, Sie sind es selbst!

Gibt ihm das Dokument.

109

CONRAD *eine Weile starr, liest.* Abgetreten an Conrad Bolz – richtig! – Das wäre so eine Art Geschenk. – Kann nicht angenommen werden, ist viel zu wenig. *Wirft das Papier weg.* Hebe dich weg von mir, Überlegung! *Fällt vor Adelheid auf die Knie.* Hier knie ich, Adelheid! Was ich rede, weiß ich vor Entzücken nicht, denn die ganze Stube tanzt um mich herum. Wenn du mich zum Manne nehmen wolltest, so tätest du mir den größten Gefallen von der Welt! Willst du mich nicht, so gib mir einen Backenstreich und jage mich fort.

ADELHEID *sich zu ihm neigend.* Ich will dich! – *Ihn küssend.* Diese Wange war's.

CONRAD *aufspringend.* Und dieser Mund ist's. *Küßt sie, sie halten sich umarmt, kleine Pause.*

Oberst, Ida, Oldendorf.

OBERST *erstaunt an der Tür.* Was ist das?

BOLZ. Herr Oberst, es geschieht alles unter Verantwortlichkeit der Redaktion.

OBERST. Adelheid, was seh ich?

ADELHEID *die Hand nach dem Obersten ausstreckend.* Mein Freund! Die Braut eines Journalisten!

Indem Ida und Oldendorf von beiden Seiten zu dem Paar eilen,
fällt der Vorhang.

110

89

Biographie

1816 *13. Juli:* Gustav Freytag wird in Kreuzburg (Schlesien) als Sohn eines Arztes und späteren Bürgermeisters geboren.

1829 Besuch des Gymnasiums in Öls.

1835 Studium der Germanistik in Breslau, unter anderem bei Hoffmann von Fallersleben.

1836 Fortsetzung des Studiums in Berlin (bis 1838).

1838 Freytag promoviert mit einer Arbeit über die Anfänge des Dramas zum Dr. phil. (»De initiis scenicae poesis apud Germanos«).

1839 Nach seiner Habilitation über die Poetik der mittelalterlichen Dichterin Hrotsvitha von Gandersheim wird Freytag Privatdozent für deutsche Sprache und Literatur an der Universität Breslau (bis 1847).

1843 Freytag bewirbt sich um eine Professur an der Breslauer Universität. Seine Bewerbung wird jedoch aus politischen Gründen abgelehnt.

1844 »Die Brautfahrt oder Kunz von der Rosen« (Lustspiel).
»Der Gelehrte« (Schauspiel).

1845 Die Gedichtsammlung »In Breslau« erscheint.

1846 Übersiedlung nach Leipzig.

1847 »Die Valentine« (Lustspiel).
Freytag verzichtet auf eine weitere akademische Lehrtätigkeit und widmet sich der schriftstellerischen Arbeit.
Umzug nach Dresden.

1848 Rückkehr nach Leipzig. Freytag übernimmt die Schriftleitung der Leipziger liberalen Wochenschrift »Die Grenzboten« (bis 1861). Bekanntschaft mit Moritz Busch und Julius von Eckardt.

1850 Das Schauspiel »Graf Waldemar« wird veröffentlicht.

1851 Freytag zieht sich zeitweise auf seinen Besitz Siebleben bei Gotha zurück. Aus längeren Aufenthalten am Hof des Herzogs Ernst II. von Sachsen-Coburg-Gotha, einem der Hauptvertreter des Nationalliberalismus, entsteht eine enge Freundschaft.

1852 Mit der Uraufführung seines Lustspiels »Die Journalisten« (gedruckt 1854), in dem das zeitgenössische Pressewesen karikiert wird, erzielt Freytag seinen ersten literarischen Erfolg.

1855 Der Zeitroman »Soll und Haben« erscheint (3 Bände).

1859 Eine wissenschaftlich fundierte Textsammlung auf der Grundlage der historischen Quellen- und Flugschriftensammlung von Freytag stellen die »Bilder aus der deutschen Vergangenheit« (5 Bände bis 1867) dar.

»Die Fabier« (Trauerspiel).

1863   Freytag verfasst eine Abhandlung über »Die Technik des Dramas«.

1864   »Die verlorene Handschrift« (Roman, 3 Bände).

1867   Im konstituierten Reichstag des Norddeutschen Bundes vertritt Freytag als Mitglied der nationalliberalen Partei einen Thüringer Wahlkreis (bis 1870).

Freytag übernimmt erneut, nunmehr gemeinsam mit Julian Schmidt, die Herausgabe der »Grenzboten« (bis 1870).

1869   Veröffentlichung der Biographie »Karl Mathy. Geschichte seines Lebens«. In seinem gegen Richard Wagner gerichteten Aufsatz »Der Streit über das Judentum« setzt sich Freytag – in Abkehr von seinen früheren, teilweise antisemitischen Auffassungen – dafür ein, die Ghettostruktur abzuschaffen und die Integration der Juden in die deutsche Gesellschaft zu realisieren.

1870   Aus Enttäuschung über die Politik Otto von Bismarcks zieht Freytag sich aus dem aktiven politischen Leben zurück. Im deutsch-französischen Krieg 1870/71 hält sich Freytag als Begleiter und Berichterstatter des Kronprinzen Friedrich von Preußen in dessen Hauptquartier auf (bis 1871).

1871   Er redigiert zusammen mit Alfred Dove die Zeitschrift »Im Neuen Reich« (bis 1873), in der er zahlreiche politische Aufsätze publiziert.

1872   »Die Ahnen« (Romanzyklus in 6 Bänden, bis 1881).

1879   In den folgenden Jahren verbringt Freytag den Winter in Wiesbaden.

1886   Ernennung zum Geheimen Hofrat.

»Gesammelte Werke« (22 Bände, bis 1888).

1887   »Erinnerungen aus meinem Leben« werden veröffentlicht.

1889   »Der Kronprinz und die deutsche Kaiserkrone. Erinnerungsblätter«.

»Gesammelte Aufsätze« (2 Bände).

1891   Freytag bekämpft den entstehenden Rassenantisemitismus und tritt dem im Vorjahr gegründeten »Verein zur Abwehr des Antisemitismus« bei.

1893   Ernennung zur Exzellenz. Verleihung des Ordens Pour le mérite der Friedensklasse.

1895   *30. April:* Gustav Freytag stirbt in Wiesbaden.